Konkurs- und Vergleichsrecht

von

Dieter Eickmann
Regierungsamtmann im Bayer. Staatsministerium der Justiz
Lehrbeauftragter an der Bayer. Rechtspflegerschule Starnberg

Sammlung Göschen Band 6002

Walter de Gruyter
Berlin · New York · 1973

ISBN 3 11 004170 7

Printed in Germany.

Satz und Druck: Saladruck, 1 Berlin 36.

Vorwort

Das Konkurs- und Vergleichsrecht ist nicht nur wegen der großen wirtschaftlichen Bedeutung der durch es geregelten Vorgänge für den Juristen wichtig, es sollte überdies wegen seiner starken Verflechtung mit dem Schuld- und Sachenrecht sowie mit vielfältigen prozeß- und handelsrechtlichen Grundsätzen das Interesse des jungen Juristen finden, weil es wie kaum ein anderes Rechtsgebiet „tiefe Einsichten in grundlegende Prinzipien unserer Rechtsordnung“ (Grimm) vermittelt.

Es konnte bei dem zur Verfügung stehenden Raum nicht der Ehrgeiz des Verfassers sein, eine umfassende Darstellung dieser weit verzweigten Materie unter lückenloser Nachweisung der zu den vielfältigen Fragen vorhandenen Judikatur und Literatur zu geben. Entsprechend der Konzeption der „Sammlung Göschen“ habe ich jedoch versucht, den Gang der Verfahren, die wichtigsten dabei auftretenden Probleme und die dazu vertretenen Lehrmeinungen darzustellen. Die Rechtsprechungs- und Literaturhinweise sollen demjenigen, der die eine oder andere Frage einer vertiefenden Betrachtung zuführen möchte, Hilfestellung geben.

Die von anderen Lehrbüchern des Insolvenzrechts abweichende Gliederung und Reihenfolge des Stoffes sowie die häufig von Beispielen ausgehende Darstellung sind aus den Erfahrungen meiner mehrjährigen Lehrtätigkeit auf diesem Gebiet entstanden.

Das Buch wendet sich in erster Linie an den Lernenden; es mag aber auch dem Praktiker in der einen oder anderen dogmatischen oder systematischen Frage hilfreich sein.

Mein Dank gilt Herrn Justizamtmann Hans Mohn, München, dem erfahrenen Konkurspraktiker, für manchen nützlichen Hinweis; insbesondere aber gilt er meiner Frau für die Besorgung des Manuskripts und für manches aufmunternde Wort.

An Hinweisen und Anregungen der Leser bin ich immer interessiert.

München, im Oktober 1972 *Dieter Eickmann*

Inhalt

Literatur- und Abkürzungsverzeichnis

A

a. A. (A. A.)	anderer Ansicht
AktG	Aktiengesetz
AP	Arbeitsgerichtliche Praxis, Nachschlagewerk der Entscheidungen des Bundesarbeitsgerichts
Arnold/Meyer-Stolte	Kommentar zum Rechtspflegergesetz, 2. Aufl., 1972
AZP (AcP)	Archiv für die zivilistische Praxis (Band u. Seite)

B

BAG	Bundesarbeitsgericht
Bartholomeyczik	Erbrecht, Lehrbuch, 9. Aufl. 1971
Baumbach-Lauterbach	Kommentar zur Zivilprozeßordnung, 30. Aufl. 1970
Baur	Lehrbuch des Sachenrechts, 6. Aufl. 1970
Baur, Fälle	Fälle u. Lösungen zum Zwangsvollstreckungs-, Konkurs- und Vergleichsrecht, 2. Aufl. 1969
BB	Der Betriebsberater (Jahr und Seite)
Betr.	Der Betrieb (Jahr u. Seite)
BFH	Bundesfinanzhof
BGH	Bundesgerichtshof
-St	Entscheidungen des —s in Strafsachen (Band u. Seite)
-Z	Entscheidungen des —s in Zivilsachen (Band u. Seite)
Bl-M	Bley-Mohrbutter, Kommentar zur Vergleichsordnung, 3. Aufl. 1968/72
Boehmer	Grundlagen der bürgerlichen Rechtsordnung, 1952
B-St	Böhle-Stamschräder, Kommentar zur Konkursordnung, 10. Aufl. 1971 ab Fußn. 239: Kommentar zur Vergleichsordnung, 7. Aufl. 1968

BVerfGE	Entscheidungen des Bundesverfassungsgerichts (Band und Seite)
D	
DRZ	Deutsche Rechts-Zeitschrift (Jahr u. Seite)
E	
Eickmann-Riedel	Kommentar zum Rechtspflegergesetz, 1971
G	
E-L (N)	Enneccerus-Lehmann (Nipperdey), Lehrbuch des bürgerlichen Rechts, Band I u. II 1958/60
Gruch	Beiträge zur Erläuterung des deutschen Rechts, Begr. v. Gruchot (Band u. Seite)
H	
Herbst	Kommentar zum Rechtspflegergesetz, 1971
HRR	Höchstrichterliche Rechtsprechung (Band u. Seite)
J	
J-L (W)	Jaeger, Kommentar zur Konkursordnung; bearbeitet von Lent (L) und Weber (W), 8. Aufl. seit 1955
JMBl.	Justizministerialblatt
-NRW	— des Landes Nordrhein-Westfalen
JurBl.	Juristische Blätter (Jahr u. Seite)
JurBüro	Das juristische Büro (Jahr u. Seite)
JuS	Juristische Schulung (Jahr u. Seite)
JR	Juristische Rundschau (Jahr u. Seite)
JZ	Juristenzeitung (Jahr u. Seite)
K	
KTS	Konkurs-, Treuhand- und Schiedsgerichtswesen (Jahr u. Seite)
KuT	Konkurs und Treuhandwesen (später: KTS)
L	
Larenz	Lehrbuch des Schuldrechts, Band I u. II, 10. Aufl. 1970/71

Lehmann-Hübner	Allgemeiner Teil des BGB, Lehrbuch, 15. Aufl. 1966
Lent-Jauernig	Zwangsvollstreckungs- und Konkursrecht, Kurzlehrbuch, 11. Aufl. 1969
LM	Nachschlagewerk der Entscheidungen des Bundesgerichtshofs, herausgegeben von Lindenmaier u. Möhring
M	
MDR	Monatsschrift für Deutsches Recht (Jahr u. Seite)
M-K	Mentzel-Kuhn, Kommentar zur Konkursordnung, 1962
Mohrbutter	Handbuch des gesamten Vollstreckungs- und Insolvenzrechts, 1965
Mohrbutter-Haarmann	Leitfaden für Vergleichs- und Konkursverwalter 1969
Mot.	Begründung des Entwurfs einer Konkursordnung (Beratungen des Bundesrats)
O	
OVG	Oberverwaltungsgericht
P	
Palandt-Danckelmann (Degenhart, Heinrichs, Keidel, Lauterbach, Putzo, Thomas)	Kommentar zum Bürgerlichen Gesetzbuch 31. Aufl. 1972
PflVersG	Pflichtversicherungsgesetz
P-Gr	Pagenstecher-Grimm, Der Konkurs, Kurzlehrbuch, 4. Aufl. 1968
R	
R	Das Recht (Jahr u. Seite)
RG	Reichsgericht
-Z	Entscheidungen des —s in Zivilsachen (Band u. Seite)
Rosenberg-Schwab	Lehrbuch des Zivilprozeßrechts 10. Aufl., 1969
Rpfleger	Der Deutsche Rechtspfleger (Jahr u. Seite)

RpflG	Rechtspflegergesetz
RpflJB	Rechtspfleger-Jahrbuch
S	
Serick	Eigentumsvorbehalt und Sicherungsübereignung, Band I—III, 1963/70
SeuffArch.	Seufferts Archiv für Entscheidungen der obersten Gerichte (Band u. Seite)
Soergel-Siebert	Kommentar zum Bürgerlichen Gesetzbuch, 10. Aufl. 1967/71
Sch	
Schönke-Baur	Zwangsvollstreckung-, Konkurs- und Vergleichsrecht, Lehrbuch, 1970
St	
St-C (W, N, R, S, L)	Staudinger-Coing (Weber, Nipperdey, Ring, Seuffert, Lehmann), Kommentar zum Bürgerlichen Gesetzbuch, 10., teilw. 11. Aufl. 1954/71
Stein-Jonas-Schönke-Pohle	Kommentar zur Zivilprozeßordnung, 19. Aufl., 1967/70
st. Rspr.	ständige Rechtsprechung
T	
Th-P	Thomas-Putzo, Kommentar zur Zivilprozeßordnung, 5. Aufl., 1971
V	
V-N	Vogels-Nölte, Kommentar zur Vergleichsordnung, 1952
W	
Warn.	Warneyer, Die Rechtsprechung des Reichsgerichts auf dem Gebiete des Zivilrechts (Band u. Seite)
Westermann	Lehrbuch des Sachenrechts, 6. Aufl. 1969
WirtschPr.	Der Wirtschaftsprüfer (Jahr u. Seite)
WM	Wertpapier-Mitteilungen (Jahr u. Seite)
Wolff	Kommentar zur Konkursordnung, 2. Aufl. 1921
Z	
ZZP	Zeitschrift für den deutschen Zivilprozeß (Band u. Seite)

Teil I. Das Konkursverfahren

(Zitierte Paragraphen ohne Gesetzesangabe sind solche der Konkursordnung)

1. Der Konkurs als Zwangsvollstreckungsverfahren besonderer Art

1.1. Im zivilprozessualen *Erkenntnisverfahren* ist es die Aufgabe des Gerichts, über den vom Kläger geltend gemachten Anspruch zu entscheiden und dem Kläger zu einem vollstreckbaren Titel über diesen Anspruch zu verhelfen. Im anschließenden *Vollstreckungsverfahren* haben die Vollstreckungsorgane (Vollstreckungsgericht, Gerichtsvollzieher) die Aufgabe, den titulierten Anspruch zwangsweise gegen den Schuldner durchzusetzen. Auch im Konkurs werden Gläubigerforderungen zwangsweise durchgesetzt, er ist somit ein Verfahren der Zwangsvollstreckung.

Er unterscheidet sich jedoch von den anderen Vollstreckungsverfahren in verschiedener Hinsicht:

Um am Konkursverfahren teilnehmen zu können, braucht ein Gläubiger, im Gegensatz zu den anderen Vollstreckungsverfahren (vgl. § 750 Abs. 1 ZPO) *keinen* Vollstreckungstitel; die Forderungen der Gläubiger können im Verfahren selbst mit Wirkung für dieses und für die Zukunft tituliert werden[1]. Das Konkursverfahren beinhaltet somit auch Elemente eines Erkenntnisverfahrens, es „gewährt Rechtsschutz durch Feststellung und Zwangsvollstreckung" *(Seuffert)*.

Nach dem sog. Priortiäts- oder Präventionsgrundsatz (§ 804 Abs. 3 ZPO) wird in den anderen Zwangsvollstreckungsverfahren die Durchsetzbarkeit der Pfandrechte und damit der Erfolg der Vollstreckungsmaßnahme wesentlich vom Rang des Pfandrechts beeinflußt — der rangbessere Gläubiger wird voll

[1] Vgl. unten Abschn. 13.

vor dem rangschlechteren befriedigt. Die Rechtfertigung dieses Grundsatzes sah der Gesetzgeber in der Möglichkeit des zu kurz gekommenen Gläubigers, auf andere Vermögensgegenstände des Schuldners zuzugreifen. Wird jedoch in *einem* Vollstreckungsverfahren das gesamte Vermögen des Schuldners verwertet, wie das im Konkurs geschieht, so würde die strikte Durchführung des Prioritätsgrundsatzes zu Ungerechtigkeiten führen, weil derjenige Gläubiger, der — wegen besonderer Rechts- oder Situationskenntnis oder der größeren Zugriffsnähe — der Schnellere ist, Befriedigung finden könnte, während andere unter Umständen für längere Zeit auf die Realisierung der Forderungen verzichten müßten. Deshalb gilt im Konkurs nicht der Prioritätsgrundsatz, sondern der sog. *Grundsatz der Verlustgemeinschaft.* Vorbehaltlich gewisser Ausnahmen[2] gilt nämlich der Grundsatz, daß im Konkurs alle Gläubiger des gemeinsamen Schuldners (= Gemeinschuldner) zusammengefaßt („concursus creditorum"!) und anteilig befriedigt werden. Den Verlust, der durch die Unzulänglichkeit des schuldnerischen Vermögens entsteht, tragen sie dann gemeinsam.

1.2. § 72 ordnet das Konkursverfahren, seiner Funktion als Vollstreckungsverfahren entsprechend, der streitigen Gerichtsbarkeit zu[3], indem er die Vorschriften der ZPO für anwendbar erklärt, soweit sich aus der KO keine Sonderregelungen ergeben. Anwendbar sind ferner die Vorschriften des GVG, insbesondere über Rechtshilfe und Sitzungspolizei.

Im Gegensatz zu dem die ZPO beherrschenden Grundsatz der Verhandlungsmaxime gilt im Konkurs der *Amtsbetrieb.* § 75. Das Konkursgericht kann also, ohne an Anträge gebunden zu sein, zur Aufklärung der ihm wichtig erscheinenden Fragen alle Ermittlungen anstellen, die es für erforderlich erachtet[4].

Das Konkursgericht trifft seine Entscheidungen wie das Voll-

[2] Vgl. unten Abschn. 7 und 11.

[3] Vgl. allgemein zur systematischen Einordnung der Zwangsvollstreckungsverfahren *Gaul* Rpfleger 71, 1/41/81 (hier: 51).

[4] Nach BGHSt. 3, 311 kann auch der Gemeinschuldner als Partei vernommen werden. Dagegen bestehen Bedenken, da die §§ 445 ff. ZPO wohl auf den Zweiparteienstreit zugeschnitten sind, vgl. auch *J—W*, § 75 Anm. 3 a.

streckungsgericht (§ 764 Abs. 3 ZPO) ohne vorhergehende mündliche Verhandlung (§ 73 Abs. 1); die vom Gesetz vorgeschriebenen Termine (§§ 93, 110, 129, 141, 162, 179) dienen nicht der Vorbereitung von Entscheidungen, sondern dem Verfahrensbetrieb durch die sog. Gläubiger-Selbstverwaltung[5]. In einigen Fällen ist die Anhörung von Beteiligten vor einer Entscheidung ausdrücklich vorgeschrieben (vgl. §§ 84, 95, 105, 121, 127, 184, 203, 208, 210, 217, 218, 230), darüber hinaus ergibt sie sich aus dem Grundrecht auf rechtliches Gehör (Art. 103 Abs. 1 GG). Auch der Grundsatz des Amtsbetriebes (Untersuchungsgrundsatz) macht die Einhaltung von Art. 103 Abs. 1 GG nicht entbehrlich, da sich das Wesen des rechtlichen Gehörs nicht in der Aufklärung des Verfahrensstoffes erschöpft[6].

Die Entscheidungen ergehen als Beschluß; eine Begründungspflicht ergibt sich zwar nicht unmittelbar aus dem Gesetz, wird jedoch allgemein angenommen[7].

Alle Entscheidungen des Konkursgerichts, auch wenn sie mündlich verkündet worden sind, müssen von Amts wegen zugestellt werden (§ 73 Abs. 2), die Vorschrift des § 329 Abs. 2 ZPO ist im Konkurs unanwendbar. Eine öffentliche Bekanntmachung (§ 76) gilt als Zustellung an alle Beteiligten, eine Rechtsbehelfsfrist beginnt mit dem Zeitpunkt, zu dem die Bekanntmachung als bewirkt gilt (vgl. § 76 Abs. 1 S. 2).

1.3. Während bei den anderen Vollstreckungsverfahren die Beteiligung des Gläubigers sich regelmäßig mit der einleitenden Antragstellung erschöpft, haben die Gläubiger im Konkursverfahren vielfältige Informations-, Mitbestimmungs- und Mitwirkungsrechte.

Die Abwicklung des Verfahrens selbst liegt weitgehend in den Händen des Konkursverwalters[8], der grundsätzlich nach eigenem pflichtgemäßem Ermessen zu handeln, jedoch zu bestimmten Maßnahmen die Gläubiger beizuziehen hat. Über gewisse zentrale Fragen (Feststellung von Forderungen, Annahme

[5] S. dazu unten Abschn. 1.3.

[6] BVerfGE 7, 57/281. Vgl. dazu auch *Maunz-Dürig*, GG, Art. 103 Rdn. 32.

[7] *M—K*, § 73 Anm. 5.

[8] Vgl. unten Abschn. 4.2.1.

eines Zwangsvergleichs) ist in eigens dafür bestimmten Terminen eine Mehrheitsentscheidung der Gläubiger herbeizuführen[9]. Dem Gericht obliegen neben einer Reihe wichtiger Entscheidungen insbesondere Überwachungs-, Beratungs- und Steuerungsaufgaben. Diese eigenartige Verfahrenskonstruktion wird häufig als *Gläubigerselbstverwaltung* bezeichnet[10], sie dürfte — obwohl die KO eines der ältesten Reichsjustizgesetze ist — in nahezu idealer Weise moderne Forderungen nach größtmöglicher Transparenz gerichtlicher Verfahren und nach weitgehender Einflußnahme der Betroffenen verwirklichen.

2. Die Insolvenz in wirtschaftlicher Sicht

Die dem Juristen heute weitgehend noch zuteil werdende Ausbildung neigt dazu, ihn zu einer Betrachtung der von ihm zu entscheidenden Vorgänge zu erziehen, die sowohl deren Ursachen als auch deren Folgen geflissentlich außer acht läßt. Gerade beim Studium des Insolvenzrechts wäre nichts falscher als dies; Konkurs und Vergleich sind wirtschaftliche Vorgänge mit nicht selten weitreichenden Auswirkungen. Sie und ihre Ursachen zu kennen ist Voraussetzung für das Verständnis der gesetzlichen Regelungen.

Selbstverständlich kann ein Buch wie das vorliegende, das auf ohnehin knappem Raum die vielfältigen Rechtsprobleme von Konkurs und Vergleich zu betrachten hat, die damit zusammenhängenden wirtschaftlichen Fragen nicht in breitem Rahmen behandeln; gewisse Grundsätzlichkeiten jedoch zumindest anzusprechen, erschien unerläßlich.

2.1. Die Ursachen der Insolvenz

Insolvenzen sind nicht auf Zeiten wirtschaftlicher Baisse beschränkt oder auch nur für solche Zeiten typisch. Gerade die gegenwärtige hochkonjunkturelle Situation ist dadurch gekennzeichnet, daß laufend Insolvenzen mittelständischer Unternehmen zu verzeichnen sind, die dem Zusammenwirken einer

[9] Vgl. dazu unten Abschn. 12.2.2 und 16.2.
[10] Vgl. ausführlich *Berges* KTS 60, 1.

durch die Tendenz zum Großunternehmen (Konzentration) verursachten harten Konkurrenz, dem Steuerdruck und dem „Angebotskartell der Arbeitskraft", das die Gewerkschaften darstellen *(v. Nell-Breuning)*, nicht mehr standhalten konnten.

Freilich müssen solche externen stets auf weitere interne Ursachen treffen, um zum endgültigen Zusammenbruch eines Unternehmens zu führen. In der betriebswirtschaftlichen Literatur wird seit einigen Jahren gerade der Feststellung und Analyse dieser internen Ursachen von Konkursen und Vergleichen große Aufmerksamkeit gewidmet[11].

Als Hauptursachen der Insolvenz werden dabei genannt:

Unfähigkeit des Unternehmers	in 17 % der Fälle
Erweiterung des Unternehmens	in 14 % der Fälle
Kapitalmangel	in 12 % der Fälle
Gründungsfehler	in 10 % der Fälle
Abhängigkeit von einem Hauptabnehmer	in 6 % der Fälle

Daneben sind, in wesentlich geringerem Ausmaß, eine Anzahl anderer Ursachen, wie z. B. Teilhaberschwierigkeiten, Verschwendung oder Spekulation, festgestellt worden.

Zu den Hauptursachen ist folgendes auszuführen:

Vielen Unternehmern fehlen die erforderlichen Eigenschaften, wie Sachkunde, Führungskraft und -stil sowie Dispositionsgeschick. Über die Betriebsziele, sowie über die voraussichtliche Marktentwicklung und die dann veranlaßten Reaktionen bestehen keine, oder falsche, meist übertrieben zuversichtliche Vorstellungen. Sehr häufig sind auch absolut unrealistische Unternehmenserweiterungen, die keinen sach- und marktgerechten optimalen Einsatz der Betriebsmittel mehr gestatten. Meist werden unter Nichtbeachtung der branchenüblichen Betriebsgröße Nebenbetriebe angegliedert, die unverhältnismäßig hohe Kosten verursachen.

Häufige Ursache von Insolvenzen ist ein Mangel an Rentabilität, der sich aus einer unzureichenden Kapitalbasis ergibt. Bei

[11] *Hahn*, Ursachen von Unternehmermißerfolgen, Diss. Köln 1956; *Fuchs*, Ursachen für die Schließung mittelständischer Unternehmen, Diss. Innsbruck 1963; *Rinkling*, Die vergleichsfähige und konkursreife Unternehmung, Stuttgart, 1960; *Fürst*, Insolvenzen in betriebswirtschaftlicher Schau, Stuttgart 1962.

meist viel zu geringem Eigenkapital müssen für das verhältnismäßig zu hohe Fremdkapital übermäßige, nicht zu erwirtschaftende Kosten aufgewandt werden.

Insbesondere bei Neugründungen besteht im Hinblick auf die Höhe des notwendigen Eigenkapitals oft ein unrealistischer Optimismus *(Fürst)*. Besteht dann noch eine angespannte Situation auf dem Kapitalmarkt, die mittel- und langfristiges Fremdkapital schwer beschaffbar macht, so muß auf unverhältnismäßig teuere kurzfristige Mittel zurückgegriffen werden, um Finanzierungslücken zu schließen.

2.2. *Die gesamtwirtschaftlichen Auswirkungen der Insolvenz*

Eine ältere Auffassung sah im Konkurs einen nach den Grundsätzen des freien Wettbewerbs und der freien Marktwirtschaft sozusagen naturnotwendigen Ausleseprozeß, der die Wirtschaft von lebensuntüchtigen Unternehmungen befreie *(L. Erhard)*. Wer sich zur freien Marktwirtschaft bekenne, so formulierte *Röpke*, der müsse auch erkennen, daß dieses System durch den Konkurs reguliert werde.

Heute wird diese Auffassung jedoch weitgehend abgelehnt; man hat erkannt, daß die „Gesundschrumpfung der Wirtschaft" durch Insolvenzen mehr Gefahren und Nachteile in sich birgt, als daß sie durch die — doch wohl mehr auf ideellem Gebiet liegenden — positiven Seiten des Vorganges aufgewogen werden könnten.

Gesamtwirtschaftlich besonders bedeutungsvoll sind die hohen Vermögensverluste, die durch Konkurse bewirkt werden. *Rinklin* schätzt diese Verluste auf ca. 1 Milliarde DM pro Jahr; rechnet man die Folgeschäden hinzu (z. B. Lieferausfall, Arbeitslosigkeit), so dürfte der Verlust etwa das Doppelte betragen. Ein solcher Verlust kann selbst bei einer Volkswirtschaft in der Hochkonjunktur nicht einfach als „Reinigungsprämie" abgetan werden.

Weitere Folgen sind die durch die plötzliche Betriebsstilllegung auch in Zeiten der Vollbeschäftigung zumindest kurzfristig hervorgerufene Arbeitslosigkeit, die den Einsatz staatlicher Mittel (Unterstützung, u. U. Umschulung) erfordert, während gleichzeitig erhebliche Steuermindereinnahmen (Lohnsteuer der Arbeiter, Steuern des Unternehmens) zu verzeichnen sind und die Konsumtion zurückgeht.

Besonders gefährlich ist weiter die bei zunehmender wirtschaftlicher Verflechtung immer stärker hervortretende Kettenreaktion: Die Zerschlagung eines Betriebes hat häufig erhebliche Auswirkungen auf andere, weil diese nicht mehr weiterproduzieren können, wenn etwa der Rohstoff- oder Halbfertigfabrikatelieferant plötzlich ausfällt. Umgekehrt sind viele Produzenten von Halbfertigfabrikaten nur an wenige oder gar einen einzigen Abnehmer gebunden; fällt er aus, und es kann nicht alsbald eine neue Absatzmöglichkeit erschlossen werden, so ist der Lieferant regelmäßig ebenfalls in Kürze konkursreif.

Weitere Kettenreaktionen sind beobachtet worden, wenn z. B. der schlagartige Verkauf von Lägern zu Verlust- oder gar Schleuderpreisen den Markt einer Branche zerrüttet und dadurch anderen Unternehmen entweder die Abnehmer entzieht oder sie zu ruinöser Preisgestaltung zwingt.

Schließlich aber führen größere Insolvenzen zu Aufregungen in der Bevölkerung, sie lassen das Vertrauen in die Leistungsfähigkeit der Wirtschaft schwinden und verunsichern die innenpolitische Situation.

Deshalb geht man immer mehr dazu über, Konkurse größerer Unternehmungen durch staatliche Stützungsaktionen zu verhindern und die Durchführung eines den Betrieb erhaltenden Vergleichsverfahrens (s. unten Teil II, Abschn. 1), etwa durch Übernahme von Staatsbürgschaften, zu ermöglichen.

3. Das Verfahren bis zur Eröffnung

3.1. Die Einleitung des Verfahrens

Das Regelkonkursverfahren wird durch einen *Antrag* eingeleitet (§ 103 Abs. 1)[12].

Was prüft das Gericht, wenn ein solcher Antrag eingeht?

[12] Von Amts wegen eingeleitet wird der sog. Anschlußkonkurs, vgl. dazu unten Teil II Abschn. 14.

3.1.1. Die Zuständigkeit

Sachlich ausschließlich zuständig ist das Amtsgericht. § 71.

Örtlich ausschließlich zuständig ist das Amtsgericht bei welchem der Gemeinschuldner seine gewerbliche Niederlassung[13] oder seinen allgemeinen Gerichtsstand (§§ 13 ff. ZPO) hat. § 71 Abs. 1. Durch § 71 Abs. 3 (eingefügt durch § 29 RpflG 1957) werden die Landesregierungen ermächtigt, die Konkursverfahren aus den Bezirken mehrerer Amtsgerichte *einem* Amtsgericht zuzuweisen.

Sonderregelungen gelten für den Nachlaßkonkurs (§ 214) und für den Konkurs über das Inlandsvermögen eines Schuldners mit gewerblicher Niederlassung und Wohnsitz im Ausland.

3.1.2. Die Konkursfähigkeit

Konkursfähig ist jede natürliche und juristische Person, auch — wegen der ausdrücklichen Erwähnung in § 209 — die OHG und KG, sowie rechtsfähige und nichtrechtsfähige Vereine (§ 213, § 50 Abs. 2 ZPO).

Konkursfähig sind ferner auch bestimmte *Vermögensmassen*, nämlich der Nachlaß einer natürlichen Person (§ 214) und das Gesamtgut einer fortgesetzten Gütergemeinschaft (§ 236) oder einer Gütergemeinschaft bei gemeinschaftlicher Verwaltung (§ 236 a). Der Grund für diese Regelung ist darin zu sehen, daß es dem Erben ermöglicht werden soll, seine Haftung für Nachlaßverbindlichkeiten auf den Nachlaß zu beschränken (§ 1975 BGB), diesen jedoch dann im Interesse der Nachlaßgläubiger von dem sonstigen Vermögen abzusondern, um ihn für ihre Befriedigung zu verwenden[14].

Ähnliches gilt wegen § 1489 Abs. 2 BGB für den Gesamtgutskonkurs.

Nicht konkursfähig sind die Gesellschaft nach § 705 BGB und die stille Gesellschaft nach § 335 HGB.

[13] Vgl. dazu *Skrotzki* KTS 60, 71.

[14] Vgl. unten Abschn. 18.1. Darüber hinaus ist ein Sonderkonkurs nach h. M. immer dann zulässig, wenn eine begrenzte und begrenzbare Vermögensmasse bestimmten persönlichen Gläubigern allein oder doch im Voraus haftet; vgl. *Baur* DRZ 50, 11.

3.1.3. Der Konkursgrund

Die Tatsache des Bestehens einer Forderung allein kann zur Einleitung eines so aufwendigen und insbesondere folgenschweren Verfahrens, wie es der Konkurs ist, nicht genügen, es muß vielmehr in der Person des Gemeinschuldners ein Konkursgrund vorliegen.

Konkursgründe sind *Zahlungsunfähigkeit* und *Überschuldung*. Betrachten wir zunächst den Begriff der Zahlungsunfähigkeit:

> *Beispiel 1:*
> A. hat mehr Schulden als Vermögen, er kann nichts mehr bezahlen. Am 15. 1. beantragt B. die Eröffnung des Konkurses gegen A. Dieser weist nach, daß er am 1. 2. einen größeren Kredit zu erwarten hat.

Ist A. zahlungsunfähig?

Im landläufigen Sinne ja, weil er gegenwärtig seine Verbindlichkeiten nicht erfüllen kann. Der Rechtsbegriff der Zahlungsunfähigkeit setzt jedoch voraus, daß es sich nicht nur um eine *vorübergehende* Unfähigkeit zur Erfüllung der laufenden Verbindlichkeiten (= sog. *Zahlungsstockung*), sondern um einen voraussichtlich dauernden Mangel an Zahlungsmitteln handelt, der es dem Schuldner unmöglich macht, seine sofort zu erfüllenden Geldschulden noch im wesentlichen zu berichtigen[15].

> *Beispiel 2:*
> A. ist Eigentümer wertvoller Gemälde, deren Schätzwert seine Verbindlichkeiten bei weitem übersteigt. Er findet jedoch — weil gegenwärtig eine andere Stilrichtung „gefragt" ist — keinen Käufer für seine Bilder und kann mangels flüssiger Geldmittel seine Schulden nicht mehr bezahlen.

Ist er zahlungsunfähig?

Ja, auch wenn die Aktiva buchmäßig die Passiva übersteigen, kann Zahlungsunfähigkeit vorliegen, sobald die vorhandenen Vermögenswerte nicht mehr zu Bargeld gemacht werden können und andere Mittel nicht mehr vorhanden sind.

[15] BGH KTS 57, 12.

Überschuldung liegt vor, wenn die Passiva die Aktiva übersteigen[16].

Weshalb schafft der Gesetzgeber zwei so unterschiedliche Konkursgründe und läßt nicht z. B. die Überschuldung bereits genügen?

Der Grund dafür ist, daß bei natürlichen Personen die persönliche Leistungskraft und die Kreditwürdigkeit des Schuldners Werte von hoher wirtschaftlicher Bedeutung darstellen; ähnliches gilt für die Personengesellschaften. Es wäre völlig verfehlt, etwa die momentane Verschuldung eines Kaufmannes bereits zum Anlaß für ein Konkursverfahren gegen ihn zu nehmen, wenn er jederzeit die Möglichkeit hat, sich weiteren Kredit zu verschaffen und damit seine gegenwärtig fälligen Verbindlichkeiten zu erfüllen[17]. Etwas anderes gilt bei Kapitalgesellschaften, wo die Überschuldung des vorhandenen Kapitalwertes regelmäßig ein gesundes Weiterwirtschaften unmöglich macht und insbesondere beim Nachlaß, einer abgeschlossenen Vermögensmasse, bei der mit einer künftigen wesentlichen Vermehrung nicht gerechnet werden kann.

Diesen unterschiedlichen Verhältnissen trägt der Gesetzgeber durch die unterschiedliche Regelung der Konkursgründe Rechnung:

> *Zahlungsunfähigkeit allein* ist Konkursgrund bei
> natürlichen Personen (§ 102),
> OHG und KG (§ 209),
> und dem gemeinschaftlich verwalteten Gesamtgut einer Gütergemeinschaft (§ 236 a).
> *Überschuldung allein* ist Konkursgrund
> beim Nachlaß (§ 215),
> und dem Gesamtgut einer fortgesetzten Gütergemeinschaft (§ 236).

[16] Vgl. z. B. § 92 Abs. 2 AktG. Dabei ist die nach aktienrechtlichen Grundsätzen aufgestellte Jahresbilanz zur Feststellung der Überschuldung nicht geeignet; es müssen vielmehr auf der Aktiv- und Passivseite die tatsächlichen Werte eingesetzt werden. Auf der Passivseite bleiben Grundkapital und Rücklagen unberücksichtigt. Vgl. BGHZ 31, 272.

[17] Wegen der Gefahr zu starker Kreditaufnahme bei unterkapitalisierten Unternehmen, einer häufigen Konkursursache, s. Abschn. 2.1.

Sowohl Überschuldung *als auch* Zahlungsunfähigkeit sind Konkursgründe bei
AG, KGaA, GmbH und den Vereinen (§§ 207, 209 Abs. 1 S. 2, 213; § 63 GmbHGes.).
Sonderregelungen gelten für die Genossenschaften (§§ 98, 140 S. 1 GenG).

3.1.4. Der ordnungsgemäße Antrag

Zur Stellung des Konkursantrages sind der (spätere) Gemeinschuldner und jeder Konkursgläubiger berechtigt. § 103 Abs. 2. Bei beaufsichtigten Versicherungsunternehmen und Bausparkassen hat nur die Aufsichtsbehörde ein Antragsrecht (§§ 88 Abs. 1 S. 2, 112 VAG). Ein Vertreter bedarf zur Antragstellung einer ausdrücklich darauf gerichteten Vollmacht. Der Antragsteller muß prozeßfähig sein (§§ 52 ff. ZPO, § 72 KO); der elterliche Gewalthaber und der Vormund bedürfen zum Konkursantrag — sowohl über das Vermögen des Mündels wie auch eines Schuldners — nicht der vormundschaftsgerichtlichen Genehmigung.

Eine Verpflichtung, rechtzeitig Konkursantrag zu stellen, besteht unter anderem nach §§ 42 Abs. 2, 48, 53, 86, 88, 89 Abs. 2 BGB (Vereine und andere juristische Personen), §§ 1489 Abs. 2, 1980 BGB (fortgesetzte Gütergemeinschaft), §§ 1980, 1985 BGB (Erben und Nachlaßverwalter); §§ 92 Abs. 2, 268 Abs. 2, 278 Abs. 3, 283 Nr. 14 AktG (AG, KGaA); §§ 64, 71, 84 GmbH-Ges. (GmbH); §§ 99, 118, 140, 148 GenG (eGmbH).

Mit dem vom *Gemeinschuldner* gestellten Antrag ist ein Verzeichnis der Gläubiger und Schuldner und eine Vermögensübersicht vorzulegen. § 104.

Beim Antrag eines *Gläubigers* bedarf es der Glaubhaftmachung (§ 294 ZPO) von Forderung und Konkursgrund. § 105 Abs. 1. Da dem Gläubiger eine Glaubhaftmachung des Konkursgrundes ohne Einblick in die genauen Vermögensverhältnisse des Schuldners kaum möglich wäre, erleichtert § 102 Abs. 2 ihm diese Darlegungspflicht: Die sog. *Zahlungseinstellung*, das ist jedes nach außen erkennbare Verhalten des Schuldners, das seine objektive Zahlungsunfähigkeit aufdeckt[18], ist für

[18] BGH KTS 60, 38.

den Gläubiger wesentlich leichter glaubhaft zu machen. Zahlungseinstellung kann z. B. bei Häufung von Klagen oder Wechselprotesten[19], bei Nichtzahlung oder ständig schleppender Zahlung von Löhnen und Gehältern[20], wohl auch bei mehrmaliger Pfandabstandserklärung des Gerichtsvollziehers angenommen werden. Die die Zahlungseinstellung kennzeichnenden tatsächlichen Umstände müssen zumindest den beteiligten Geschäftskreisen offenkundig werden[21]; nicht erforderlich ist eine ausdrückliche Erklärung des Gemeinschuldners, die ohnedies unbeachtlich ist, wenn sie nicht der Wahrheit entspricht. Ob Zahlungseinstellung angenommen werden kann, ist somit eine Tatfrage, die sich nur aus der (nach außen erkennbaren) Gesamtlage und dem Gesamtverhalten des Schuldners beurteilen läßt.

3.2. Die Zulassung des Antrags

Ist der von einem Gläubiger gestellte Antrag zulässig, sind also insbesondere Forderung und Konkursgrund glaubhaft gemacht, so wird der Antrag zugelassen. § 105 Abs. 1. Ist der Antrag unzulässig, so ist er zurückzuweisen; dem Gläubiger steht dagegen die sofortige Beschwerde zu. § 109.

Nach h. M. soll ein Konkursantrag (wegen fehlendem Rechtsschutzbedürfnis) auch abzulehnen sein, wenn die Forderung des Gläubigers gering ist[22]. Dem kann wohl nicht uneingeschränkt zugestimmt werden. Es erscheint unsozial, Gläubiger geringerer Forderungen (sind sie es auch für den Gläubiger?) und damit oft gerade weniger begüterte Bevölkerungskreise von der oft einzig wirksamen Zwangsvollstreckungsmaßnahme auszuschließen. Der zur Rechtfertigung häufig gebrauchte Hinweis auf § 866 Abs. 3 ZPO dürfte fehlgehen, weil diese Vorschrift nicht die Interessen von Gläubiger und Schuldner gegeneinander ab-

[19] *B—St*, § 30 Anm. 2 c, vgl. aber RGZ 50, 42 und BGH KTS 61, 184.

[20] RG R 10 Nr. 3594, vgl. auch BGH BB 57, 941.

[21] Wie Fußn. 18.

[22] So z. B. LG Nürnberg-Fürth Rpfleger 68, 57; LG Bremen Rpfleger 72, 27; AG Köln JMBlNRW 67, 128.

wägt, sondern die Erhaltung der Übersichtlichkeit des Grundbuchs bezweckt[23].

Aus anderen Gründen (z. B. Konkursantrag als Druckmittel zur Ratenzahlung) kann die Antragstellung jedoch eine unzulässige Rechtsausübung darstellen[24].

Die Zulassung des Antrages darf nicht mit der (späteren) Eröffnung des Verfahrens verwechselt werden, sie bestätigt nur die Zulässigkeit des Antrages und leitet einen neuen Verfahrensabschnitt, die *Ermittlungen*, ein.

Der Konkursgrund ist ja bisher nur glaubhaft gemacht, die endgültige Verfahrenseröffnung setzt aber selbstverständlich voraus, daß er zur Überzeugung des Gerichts nachgewiesen ist. Die dazu notwendigen, für den Schuldner belastenden und lästigen Ermittlungen sollen jedoch erst beginnen, wenn eine gewisse Wahrscheinlichkeit dafür besteht, daß ein Konkursgrund auch tatsächlich vorhanden ist.

Zunächst ist regelmäßig der Schuldner anzuhören (§ 105 Abs. 2, 3), räumt er das Vorliegen des Konkursgrundes nicht ein, hat das Gericht alle Ermittlungen anzustellen, die es nach pflichtgemäßem Ermessen für erforderlich hält, um sich vom Vorliegen oder Nichtvorliegen des Konkursgrundes zu überzeugen.

3.3. *Die Sicherungsmaßnahmen*

Es liegt auf der Hand, daß geraume Zeit vergehen kann, bis sich das Gericht durch seine Ermittlungen Gewißheit über das Vorliegen des Konkursgrundes verschafft hat und das Verfahren eröffnen kann. In dieser Zwischenzeit besteht die Gefahr, daß einerseits der Schuldner Vermögensstücke beiseiteschafft und andererseits einzelne Gläubiger die vorhandene Vermögensmasse durch Zwangsvollstreckungsmaßnahmen ausplündern.

Das Gesetz sieht deshalb für die Zeit nach Zulassung des Antrages bis zur Eröffnung die Möglichkeit der Anordnung von Sicherungsmaßnahmen vor (§ 106 Abs. 1), deren wesentlichste der Erlaß eines *Veräußerungsverbotes* ist. Das nach § 106

[23] *Th—P*, § 866 Anm. 2.
[24] *Unger* KTS 62, 205 und *Sprung* JurBl. 69, 237.

Abs. 1 S. 3 vom Konkursgericht erlassene Veräußerungsverbot fällt unter §§ 136, 135 BGB. Es bewirkt, daß rechtsgeschäftliche Verfügungen des Schuldners über Vermögensgegenstände, die zur späteren Masse gehören und die Zwangsvollstreckung oder Arrestvollziehung in solche Gegenstände den Konkursgläubigern gegenüber unwirksam sind[25]. Gutgläubiger Erwerb ist jedoch nach § 135 Abs. 2 BGB möglich; bei Grundstücken und Rechten an Grundstücken ist das Veräußerungsverbot deshalb im Grundbuch einzutragen. § 113, § 892 Abs. 1 S. 2 BGB.

Weitere Sicherungsmaßnahmen sind neben den in § 106 Abs. 1 genannten noch die Versiegelung von Geschäftsräumen und Behältnissen, die Anordnung einer Sequestration[26], die Schließung des Geschäftsbetriebs oder dessen Unterstellung unter eine Vertrauensperson[27] oder die Zwangsverwaltung von Grundstücken.

4. Das Eröffnungsverfahren

4.1. Die Abweisung mangels Masse

Nach Durchführung der vorgeschriebenen Ermittlungen muß für das Gericht feststehen

> daß ein *Konkursgrund* besteht und daß das vorhandene Vermögen jedenfalls *zur Deckung der Verfahrenskosten* ausreicht (vgl. § 107 Abs. 1).

Ist dies der Fall, so kann das Konkursverfahren eröffnet werden, andernfalls ist der Antrag (bei Masseunzulänglichkeit nach fruchtloser Aufforderung gem. § 107 Abs. 1 S. 2!) zurückzuweisen. Bei einer AG, KGaA oder GmbH hat die Abweisung des Antrages gem. § 107 (= „Abweisung mangels Masse") kraft Gesetzes die Auflösung zur Folge (§§ 262 Abs. 1 S. 4, 278 Abs. 3 AktG, § 1 d. Gesetzes vom 9. 10. 1934, RGBl. I S. 914).

[25] Vgl. dazu BGHZ 19, 359. Bei Zwangsvollstreckungsmaßnahmen vgl. § 772 ZPO!

[26] Vgl. dazu *Noack* KTS 57, 75 und *Mohrbutter-Haarmann* KTS 56, 177.

[27] BGH NJW 61, 1305 und *Mohrbutter* Betr 54, 343.

4.2. *Die Eröffnung*

Die Eröffnung geschieht durch Beschluß, der Tag und Stunde des Erlasses anzugeben hat. § 108. In ihm werden neben der Eröffnung als solcher noch verschiedene andere Anordnungen getroffen (§ 110 Abs. 1):

4.2.1. *Die Ernennung des Konkursverwalters*

Der Verwalter ist das zentrale Organ des Konkursverfahrens, seine Aufgaben (Sammlung und Versilberung der Masse, Verteilung des Erlöses), Rechte und Pflichten werden noch im einzelnen zu betrachten sein.

Über seine *rechtliche Stellung* herrscht viel Streit. Wenngleich die damit zusammenhängenden Fragen einmal als das „Kernproblem des Konkursrechts" *(Jaeger)* bezeichnet worden sind, soll doch darauf hingewiesen werden, daß die Rechtspraxis diesen Theorienstreit weitestgehend ignoriert. Davon unabhängig verdienen die mit der Rechtsstellung des Verwalters zusammenhängenden Fragen jedoch allein deshalb Beachtung, weil sie grundlegende Institute unserer Rechtsordnung berühren und versucht werden muß, sie unter einheitlichen systematischen Gesichtspunkten zu erfassen[28].

Nach der *Vertretertheorie*[29] ist der Verwalter gesetzlicher Vertreter des Gemeinschuldners, soweit die Masse betroffen ist. Für diese Theorie könnte, wie *Böhle-Stamschräder*[30] zu Recht hervorhebt, zunächst die gesetzliche Wirkung sprechen, die den Handlungen des Verwalters beigelegt ist[31]. Sie allein vermag jedoch andere dogmatische Schwächen der Vertretertheorie nicht auszuräumen. Für die Vertretung ist charakteristisch die Beziehung auf eine bestimmte Person (Subjektbezogenheit auf den Vertretenen)[32], das Handeln des Verwalters bezieht sich jedoch

[28] Vgl. zur Bedeutung rechtswissenschaftlicher Theorien allgemein *Wagner* JuS 63, 457.

[29] *J—L* Vorbem. zu §§ 6—9; *E—N* § 180 I 1 e; *Bley* ZZP 62, 113; *Ballerstedt* AZP 151, 256.

[30] *B—St,* § 6 Anm. 2.

[31] Vgl. dazu RGZ 80, 418.

[32] *St—C* Bem. 54 c und 57 Abs. 3 vor § 164. Kein besonderes Kriterium dürfte hingegen die Wahrung der Interessen des Vertretenen sein, *J—L* Bem. XI Abs. 2 vor § 6, *a. A. M—K,* § 6 Anm. 17.

nicht auf den Gemeinschuldner oder eine sonstige Person, sondern auf ein bestimmtes Vermögen; es ist nicht subjekt-, sondern objektbezogen[33]. Daneben begegnet die Vertretertheorie zudem im prozessualen Bereich erheblichen Schwierigkeiten[34]. Auch die Bestimmung des § 114 Abs. 3 ZPO ist, selbst wenn man den in ihr verwendeten Ausdruck „Partei kraft Amtes" noch als „unverbindliche Breviloquenz" *(Rosenberg)* anzusehen bereit ist, ihrem Inhalt nach mit der Annahme einer gesetzlichen Vertretung des Gemeinschuldners durch den Verwalter nicht vereinbar[35].

Die *Amtstheorie*[36] sieht im Verwalter ein amtliches Organ, das auf Grund eines eigenständigen Rechts zwar mit unmittelbarer Wirkung für und gegen Masse und Gemeinschuldner als Masseträger, jedoch im eigenen Namen handelt. Die im Schrifttum gegen die Amtstheorie vorgetragenen Bedenken weisen vor allem darauf hin, daß sie in unerträglicher Weise materiellrechtliches und prozessuales Handeln unterschiedlich wertet; es wird betont, daß das bürgerliche Recht es nicht ermöglicht, im eigenen Namen eine Verpflichtungserklärung abzugeben, aber dadurch einen anderen zu verpflichten.

Nach der *Organtheorie*[37] hat der Konkursverwalter gleichfalls die Stellung eines gesetzlichen Vertreters, er soll jedoch nicht den Gemeinschuldner vertreten, sondern die Konkursmasse, die danach Parteifähigkeit besitzt und materiell selbständiger Rechtsträger ist. Diese letztere Annahme findet jedoch weder in der KO noch in einem anderen Gesetz eine Stütze. Einem — angenommenen — Rechtsübergang vom Gemeinschuldner auf die Masse stünden wohl die Grundsätze der Spezialität und der Publizität entgegen[38]; eine solche Vorstellung dürfte unserem Sachenrecht fremd sein.

[33] Vgl. *Dölle* in Festschrift für Schulz, Bd. II S. 272 ff.
[34] Vgl. *Weber* KTS 55, 102 ff.
[35] *Stein-Jonas-Pohle,* Bem. I 2 a vor § 50; *Weber* a. a. O. (Fußn. 34).
[36] RGZ 29, 29 (st. Rspr.); BGHZ 32, 118 und 35, 17 (st. Rspr.); *M—K,* § 6 Anm. 17; *Rosenberg-Schwab,* § 40 III 1; *Schönke-Baur,* § 56 I, 2; *Stein-Jonas-Pohle* Bem. I 2 a vor § 50.
[37] *Hellwig,* § 69; *Bötticher* ZZP 71, 318 ff., *Erdmann* KTS 67, 87; *P—Gr,* § 12.
[38] Vgl. *Berges* KTS 60, 6; *Papke* KTS 68, 49.

Zwischen den Theorien vermitteln will eine neuere Auffassung, die man vielleicht als die Theorie von der gesetzlichen treuhänderischen Stellung des Verwalters bezeichnen könnte. Ihre Vertreter[39] weisen darauf hin, daß der Verwalter nur zur Erreichung bestimmter objektiver Zwecke tätig werde und als Verwalter fremden Vermögens kollidierende Interessen mehrerer im wohlverstandenen Interesse aller zum Ausgleich zu bringen habe. *Dölle*[40] bezeichnet das als „neutrales Handeln", *Kaemmerer*[40] und *Berges*[41] stimmen den Ausführungen *Dölles* zu und vertreten die Auffassung, der Verwalter sei am zutreffendsten als „Partei kraft gesetzlicher Treuhand"[42] zu bezeichnen.

Abschließend ist festzuhalten:

Der Verwalter handelt auf Grund seiner gesetzlichen Befugnisse zwar mit unmittelbarer Wirkung für und gegen die Masse und damit den Gemeinschuldner als deren Träger, diese Wirkung beruht jedoch nicht auf einer gesetzlichen Vertretung. Der Verwalter handelt objektbezogen, seine Aufgabe ist der — treuhänderische — Ausgleich kollidierender Interessen zum bestmöglichen Nutzen aller Beteiligten.

Der Verwalter schließt zwar Verträge unter seinem Namen ab und wird unter seinem Namen Prozeßpartei, dies ist jedoch keine Ausübung der Verwaltungs- und Verfügungsbefugnis im eigenen Namen, weil der Verwalter stets in seiner Eigenschaft als Konkursverwalter auftritt („Rechtsanwalt Hans Maier als Konkursverwalter über das Vermögen des . . .").

Die Gerichtspraxis steht ausnahmslos — der höchstrichterlichen Rechtsprechung (s. Fußn. 36) folgend — auf dem Boden der Amtstheorie, sie sieht den Verwalter insbesondere im Prozeß als Partei kraft Amtes. Zum praktisch gleichen Ergebnis führt die Anwendung der m. E. richtigen Auffassung vom Verwalter als gesetzlichem Treuhänder.

[39] *B—St*, § 6 Anm. 2; *St—C*, Bem. 54 ff. vor § 164; *von Lübtow* JZ 60, 151; *Dölle* in Festschrift für Schulz, Bd. II, S. 268; *Mohrbutter*, S. 534 ff.; *Kaemmerer* JR 70, 328 ff.

[40] S. Fußn. 39.

[41] KTS 70, 99 ff.

[42] Ebenso *Baumbach-Lauterbach*, Bem. 2 C vor § 50.

Der Verwalter ist allen Beteiligten[43] gegenüber für die Erfüllung der ihm obliegenden Pflichten verantwortlich (§ 82), zwischen ihm und den Beteiligten besteht ein gesetzliches Schuldverhältnis[44].

4.2.2. *Die Terminsbestimmung*

Im Eröffnungsbeschluß ist der Termin für die erste Gläubigerversammlung, den sog. Wahltermin[45] und für den allgemeinen Prüfungstermin[46] zu bestimmen. Die beiden Termine können auch miteinander verbunden werden. § 110 Abs. 2.

4.2.3. *Der offene Arrest*

Er enthält ein Leistungsverbot und ein Anzeigegebot. § 118. Dinglich ist er ohne Wirkung, schuldhafte Verstöße gegen das Anzeigegebot können jedoch Schadensersatzansprüche auslösen. § 119.

4.2.4. *Die Anmeldefrist*

Zweck des Verfahrens ist die gemeinsame Befriedigung aller Gläubiger des Schuldners. Die Gläubiger werden deshalb öffentlich aufgefordert, innerhalb einer zu bestimmenden Frist (vgl. § 138) ihre Forderungen dem Gericht bekanntzugeben. Die Frist hat jedoch keine Ausschlußwirkung (vgl. § 142 Abs. 1).

4.3. *Die funktionelle Zuständigkeit im Konkursverfahren*

Nach dem Erlaß des Eröffnungsbeschlusses beginnt nicht nur im Verfahren mit der Einleitung des eigentlichen Konkurses ein neuer Abschnitt, sondern es tritt auch bezüglich der funktionellen Zuständigkeit eine wichtige Zäsur ein.

Nach § 3 Nr. 2 Buchst. e RpflG gehört das Konkursverfahren zum Kreis der sog. Vorbehaltsübertragungen, also zu den Sachgebieten, die grundsätzlich im ganzen, jedoch mit einzelnen aus-

[43] Zum Begriff s. BGH NJW 58, 1351, 1681.
[44] BGH KTS 58, 142.
[45] S. dazu unten Abschn. 12.1.
[46] S. dazu unten Abschn. 12.2.

drücklich bezeichneten Richtervorbehalten dem *Rechtspfleger*[47] zugewiesen sind.

§ 18 Abs. 1 RpflG behält dem Richter vor

— das Verfahren bis zur Entscheidung über die Eröffnung,
— diese Entscheidung selbst
— und die (damit zusammenhängende) Ernennung des Verwalters.

In die Zuständigkeit des Richters fallen somit alle Tätigkeiten, die in dem uns bisher bekannt gewordenen Verfahrensteil angefallen sind:

Zulassung eines Konkursantrages (§ 105 Abs. 1)
Durchführung von Ermittlungen und Anhörung des Schuldners (§ 105 Abs. 2)
Anordnung von vorläufigen Sicherungsmaßnahmen (§ 106)
Abweisung mangels Masse (§ 107)
Eröffnungsbeschluß (§ 110).

Vom Zeitpunkt der Eröffnung an besteht für das *gesamte weitere Verfahren* kraft Gesetzes die Zuständigkeit des *Rechtspflegers.*

In Einzelfällen kann sich der Richter, z. B. wegen der besonderen Bedeutung oder wegen besonderer rechtlicher Schwierigkeiten das weitere Verfahren vorbehalten (§ 18 Abs. 2 S. 1 RpflG), er kann vom Vorbehalt wieder absehen (§ 18 Abs. 2 S. 2 RpflG), jedoch danach das Verfahren erneut wieder an sich ziehen (sog. „Evokationsrecht", § 18 Abs. 2 S. 3 RpflG)[48]. In

[47] Zur allgemeinen Stellung des Rechtspflegers in der Gerichtsorganisation vgl. ausf. *Habscheid* Rpfleger 68, 237; zur Entwicklung des Rechtspflegeramtes *Eickmann-Riedel* Einf. vor § 1.

[48] Zum Evokationsrecht vgl. *Hoffmann* Rpfleger 70, 373; *Mohrbutter-Drischler* NJW 71, 362; *Drischler* KTS 71, 127. Gegen die Regelung in § 18 Abs. 2 bestehen nicht unerhebliche verfassungsrechtliche Bedenken (vgl. *Eickmann-Riedel,* § 1 Anm. 5). Voraussetzung jeder beweglichen Zuständigkeitsregelung ist nämlich, daß sie nach justiziablen Gesichtspunkten generalisiert, so daß ein Nachvollzug der für die einzelne Zuständigkeitsentscheidung maßgebenden Überlegungen möglich ist. § 18 Abs. 2 RpflG stellt die Entscheidung jedoch in das Ermessen des Richters. Das dürfte mit rechtsstaatlichen Grundsätzen nicht zu vereinbaren sein.

der Praxis wird jedoch von den Möglichkeiten des § 18 Abs. 2 RpflG kaum jemals Gebrauch gemacht.

4.4. Die Bekanntmachung der Eröffnung

Der Eröffnungsbeschluß ist öffentlich bekanntzumachen (§§ 111, 76 Abs. 1), auch im Bundesanzeiger wird die Eröffnung verkündet (§ 76 Abs. 2); gesonderte Zustellung erfolgt an die bereits bekannten Gläubiger und Schuldner des Gemeinschuldners (§ 76 Abs. 3).

5. Die Folgen der Konkurseröffnung

5.1. Grundsatz

Durch die Eröffnung des Konkursverfahrens verliert der Gemeinschuldner die Befugnis, über sein zur Konkursmasse gehörendes Vermögen zu verfügen (§ 6 Abs. 1), seine Eigentümer- und Gläubigerrechte als solche bleiben jedoch unberührt.

Der Konkurszweck gebietet es, die Verwertung der Masse zu sichern und Verfügungen darüber aus Sicherheits- und Zweckmäßigkeitsgründen einer neutralen, sachverständigen Person, dem Konkursverwalter, zu übertragen. § 6 Abs. 2. Die Rechtshandlungen des Verwalters, welche dieser im Rahmen seiner Befugnisse vornimmt, wirken unmittelbar für und gegen den Gemeinschuldner als den Träger der Masse. Willensmängel, sowie das Kennen und Kennenmüssen bestimmter Umstände sind jedoch aus der Person des Verwalters zu beurteilen[49].

5.2. Die Verfügungsbeschränkungen des § 7

Alle nach der Eröffnung (maßgebender Zeitpunkt: § 108 Abs. 1) vorgenommenen Rechtshandlungen[50] des Gemeinschuld-

[49] Es handelt sich jedoch hier nicht um eine entsprechende Anwendung von § 166 Abs. 1 BGB, sondern um eine Folge der Parteistellung des Verwalters, vgl. *Palandt-Danckelmann*, § 166 Anm. 2.

[50] Der Begriff ist sehr weit, er umfaßt obligatorische und dingliche Rechtsgeschäfte, sowie alle Handlungen des Gemeinschuldners, welche Rechtsfolgen auslösen, auch wenn der Wille des Handelnden nicht auf diesen Rechtserfolg gerichtet war, vgl. RGZ 59, 57 und *B—St*, § 7 Anm. 1.

ners die wenigstens mittelbar aktiv oder passiv die Konkursmasse berühren, sind den Konkursgläubigern gegenüber unwirksam. § 7 Abs. 1, 1. Hs. Über die Bedeutung dieser Regel herrscht Streit. Während *Lent-Jauernig*[51] meinen, die unter §§ 6, 7 fallenden Rechtshandlungen seien nur den Konkursgläubigern gegenüber unwirksam, allen anderen gegenüber dagegen voll wirksam, geht die h. M.[52] — m. E. mit Recht — davon aus, daß die Rechtshandlung *gegenüber jedermann* unwirksam ist, weil es z. B. nicht denkbar sein kann, daß der Erwerber einer abgetretenen Forderung gegenüber dem Dritterwerber, nicht jedoch gegenüber den Konkursgläubigern Forderungsinhaber ist. Ebenso wie im Falle des § 719 BGB[53] bereitet die Annahme einer personenbezogenen relativen Unwirksamkeit unauflösliche Schwierigkeiten und ist deshalb abzulehnen. Die Unwirksamkeit ist jedoch *durch den Konkurszweck beschränkt,* ist also sachbezogen relativ; d. h. sie endet mit der Aufhebung des Konkursverfahrens, mit der Befriedigung der Gläubiger oder mit der Freigabe des Gegenstandes durch den Verwalter aus der Masse. Durch Genehmigung des Verwalters tritt ex tunc die Wirksamkeit der Rechtshandlung ein (entspr. Anwendung von § 185 Abs. 2 BGB).

5.3. Der Gutglaubensschutz

§ 7 Abs. 1 2. Hs. verweist auf die Vorschriften der §§ 892, 893 BGB. Das bedeutet, daß die Verfügungsbeschränkung des Gemeinschuldners den Rechtserwerb eines Dritten an Grundstücken oder Rechten an solchen solange nicht hindert,

> als der Dritte die Konkurseröffnung nicht *kennt* und diese auch *nicht im Grundbuch eingetragen ist.*

§ 892 Abs. 1 S. 2 BGB.

Bezüglich beweglicher Sachen verweist § 7 nicht auf eine Gutglaubensschutzvorschrift, die entsprechend anzuwenden

[51] *Lent-Jauernig,* § 40 III 2.

[52] RGZ 157, 295; *J—L,* § 7 Anm. 8; *M—K,* § 7 Anm. 6; *B—St,* § 7 Anm. 3; *Zunft* NJW 56, 735.

[53] Vgl. BGHZ 13, 182.

wäre; ein gutgläubiger Erwerb *beweglicher Sachen* nach Konkurseröffnung scheidet daher aus[54].

Zum Schutz der Masse vor gutgläubigem Erwerb ist auf Ersuchen des Konkursgerichts oder des Verwalters die Tatsache der Konkurseröffnung in das Grundbuch einzutragen (§ 113 Abs. 1 und 2; sog. „Konkursvermerk"), die Eintragung zerstört den guten Glauben. § 892 Abs. 1 S. 2 BGB.

5.4. Die Regel des § 15

> *Beispiel 3:*
>
> A hat am 5. 1. dem B die Eintragung einer Buchhypothek bewilligt und ihm eine formgerechte Eintragungsbewilligung ausgehändigt. B hat am gleichen Tage den Eintragungsantrag beim Grundbuchamt gestellt. Am 6. 1. wird über das Vermögen des A das Konkursverfahren eröffnet; B wußte davon nichts. Am 7. 1. wird das Recht eingetragen. Wie ist die Rechtslage?

§ 7 geht davon aus, daß alle Teile des Rechtsbegründungs- oder Rechtsübertragungsaktes *nach* Konkurseröffnung vorgenommen worden sind. Da sich nach unserem Recht der Rechtserwerb jedoch *mehraktig* vollzieht (Einigung *und* Übergabe; Einigung *und* Eintragung), kommt es oft vor, daß zwischen den einzelnen Teilen des Übereignungsvorganges der Konkurs eröffnet wird. § 7 kann in einem solchen Fall nicht weiterhelfen, weil

> die *Einigung vor* der Eröffnung liegt, also wirksam bleibt,
>
> die *Eintragung* zwar zeitlich nach der Eröffnung liegt, aber keine Rechtshandlung des Gemeinschuldners ist.

Für diesen Fall gilt vielmehr § 15, der bestimmt, daß nach Konkurseröffnung Rechte jeder Art an Massegegenständen mit Wirkung gegenüber den Konkursgläubigern nicht erworben werden können. Er gilt selbstverständlich dann nicht, wenn ein

[54] Eine unmittelbare Anwendung von § 932 BGB ist nicht möglich, nachdem der gute Glaube an die Verfügungsbefugnis nicht geschützt wird.

solcher Rechtserwerb auf eine Rechtshandlung des Konkursverwalters gegründet ist.

Bedingt begründete Rechte fallen nicht unter § 15; auch wenn die Bedingung erst nach Konkurseröffnung eintritt, kann das Recht erworben werden[55]. Hängt der Eintritt einer Bedingung jedoch ausschließlich vom Willen des Gemeinschuldners ab, so kann § 7 anwendbar sein[56].

Hängt die Wirksamkeit einer Verfügung des (späteren) Gemeinschuldners davon ab, daß er den Gegenstand seiner Verfügung erwirbt (§ 185 Abs. 2 S. 1, 2. Alternative BGB), so wird die Verfügung wegen § 15 nicht mehr wirksam, weil der Heilungstatbestand nicht auf den Zeitpunkt der Verfügung zurückwirkt.

Nach § 15 S. 2 sind jedoch die Vorschriften der §§ 878, 892, 893 BGB, §§ 16, 17 SchiffsRG aus Gründen der Verkehrssicherheit entsprechend anwendbar[57], gegen die Möglichkeit des gutgläubigen Erwerbs schützt wiederum die Eintragung des Konkursvermerkes.

Beim Erwerb beweglicher Sachen sieht § 15 (wie § 7) keinen Schutz des gutgläubigen Erwerbers vor, soweit der Gemeinschuldner verfügt hat. § 15 ist jedoch nicht anwendbar, wenn ein zur Masse gehörender Gegenstand sich in der Hand eines Dritten befindet und dieser zu Gunsten eines Gutgläubigen verfügt, oder wenn derjenige, der wegen § 15 nicht Eigentum erwerben konnte, an einen gutgläubigen Nachmann weiterveräußert.

5.5. Leistungen an den Gemeinschuldner nach Eröffnung (§ 8)

Wie ist die Rechtslage, wenn nach Konkurseröffnung an den Gemeinschuldner eine Leistung erbracht wird?

[55] BGH NJW 55, 544. Zur Begründung dient eine entspr. Anwendung des Rechtsgedankens aus § 161 Abs. 1 S. 2 BGB. Wegen des Eigentumsvorbehalts s. auch unten Abschn. 6.4.2.

[56] *J—L*, § 15 Anm. 13.

[57] Die im Zusammenwirken von § 15 und § 878 BGB bzw. § 892 BGB auftretenden vielfältigen Probleme — insbesondere zu den Fragen von Prüfungsrecht und Prüfungspflicht des Grundbuchamtes — können hier nicht dargestellt werden; vgl. dazu ausf. *Haegele* KTS 68, 157 und *Eickmann* Rpfleger 72, 77.

Auch die Annahme einer geschuldeten Leistung ist eine Rechtshandlung, die nach Konkurseröffnung gem. § 7 unwirksam ist. § 8 differenziert jedoch hinsichtlich dieser Unwirksamkeitsfolge:

Nach Abs. 1 ist der Leistende befreit, wenn seine Leistung zur Masse gelangt, d. h. wenn der Gemeinschuldner sie an den Verwalter abliefert. Ist dies nicht der Fall, hat der Gemeinschuldner die Leistung also für sich behalten, so ist zu unterscheiden:

a) Ist die Leistung vor der öffentlichen Bekanntmachung (vgl. § 76 Abs. 1) erbracht worden, so hat der Konkursverwalter zu beweisen, daß dem Leistenden die Verfahrenseröffnung bekannt war (§ 8 Abs. 2), gelingt dieser Beweis nicht, ist der Leistende befreit.
b) Ist die Leistung nach der öffentlichen Bekanntmachung erbracht worden, so hat der Leistende zu beweisen, daß ihm die Verfahrenseröffnung unbekannt war (§ 8 Abs. 3)[58].

Etwas anderes gilt jedoch bei Leistungen auf Rechte, die im Grundbuch eingetragen sind:

Beispiel 4:
A ist im Grundbuch als Gläubiger einer Hypothek auf dem Grundstück des B eingetragen. B zahlt an A die fälligen Hypothekenzinsen; er weiß nicht, daß über das Vermögen des A das Konkursverfahren eröffnet worden ist.

Nach den Grundsätzen des § 8 wäre B von seiner Leistung frei geworden, wenn er sie vor der öffentlichen Bekanntmachung der Konkurseröffnung erbracht hat. In § 7 Abs. 1 2. Hs. ist jedoch auch auf § 893 BGB Bezug genommen. Im vorliegenden Fall ist somit B bereits dann befreit, wenn die Konkurseröffnung noch nicht in das Grundbuch eingetragen ist. Die Beweislast dafür, daß B die Konkurseröffnung trotzdem bereits bekannt war, obliegt dem Konkursverwalter. Andererseits ist B nach der Eintragung des Konkursvermerkes auch

[58] Ist der Zeitpunkt der Leistung streitig, so trifft die Beweislast den Schuldner, vgl. *J—L*, § 8 Anm. 18.

dann nicht mehr befreit, wenn er das Grundbuch nicht eingesehen hat und auch von der Konkurseröffnung nichts wußte. Auf die öffentliche Bekanntmachung kommt es hier nicht an.

Muß der Schuldner nach den vorstehenden Grundsätzen nochmals leisten, so hat er gegen den Gemeinschuldner einen Bereicherungsanspruch aus § 812 Abs. 1 S. 2, Hs. 2 BGB; dieser Anspruch ist, da er erst nach der Konkurseröffnung entsteht, keine Konkursforderung (vgl. unten Abschn. 11.1).

6. Die Ermittlung der Masse

6.1. Der Massebegriff

Nach § 117 Abs. 1 hat der Konkursverwalter sofort nach Eröffnung des Verfahrens das zur Konkursmasse gehörige Vermögen des Gemeinschuldners in Besitz und Verwaltung zu nehmen. Die Anspruchsnorm des § 117[59] gibt ihm ein Recht zum Besitz an den einzelnen Gegenständen, verweigert der Gemeinschuldner die Herausgabe, so sind die Massegegenstände durch den Gerichtsvollzieher entsprechend §§ 883, 885 ZPO in den Besitz des Verwalters zu überführen; als Vollstreckungstitel dient eine vollstreckbare Ausfertigung des Eröffnungsbeschlusses[60].

Die Masse umfaßt grundsätzlich das gesamte, der Zwangsvollstreckung unterliegende Vermögen des Gemeinschuldners im Zeitpunkt der Verfahrenseröffnung. § 1.

Nicht zur Masse gehören somit:

Gegenstände, die nicht im Eigentum des Gemeinschuldners stehen,

[59] Vgl. dazu *Zunft* JZ 59, 479.

[60] BGHZ 12, 389; BGH NJW 62, 1392; vgl. auch *Noack* KTS 66, 149. In der vollstreckbaren Ausfertigung brauchen die einzelnen Gegenstände nicht bezeichnet zu sein. Über Einwendungen gegen das Verfahren des Gerichtsvollziehers entscheidet das Konkursgericht nach § 766 ZPO (BGH NJW 62, 1392); funktionell zuständig dürfte trotz der — für das Einzelverfahren geltenden — Bestimmung des § 20 Nr. 17 S. 2 Buchst. a RpflG in diesem Fall der Rechtspfleger sein, weil ihm das gesamte Konkursverfahren nach Eröffnung übertragen ist.

Gegenstände, die nicht gepfändet werden dürfen oder sollen,
Gegenstände, die der Gemeinschuldner erst nach der Eröffnung erwirbt.

6.1.1. „Ist"-Masse und „Soll"-Masse

Gegenstände, die nicht im Eigentum des Gemeinschuldners stehen, sich jedoch in seinem Besitz (der sog. „Ist-Masse", im Gegensatz zur „Soll-Masse" des § 1!) befinden, sind auszusondern (s. unten Abschn. 6.2).

Beim echten Treuhandsverhältnis ist das Treugut im Konkurs des Treuhänders konkursfrei, weil es nur formaljuristisch, nicht aber wirtschaftlich zum Vermögen des Treuhänders gehört[61]. Im Konkurs des Treugebers gehört das Treugut (bzw. der Rückübertragungsanspruch) zur Masse. Bei der stillen Stellvertretung gehört der im eigenen Namen, jedoch für fremde Rechnung erworbene Gegenstand zur Konkursmasse des (stillen) Vertreters[62], etwas anderes gilt beim handelsrechtlichen Kommissionsgeschäft gem. § 392 Abs. 2 HGB (und entsprechend für das Speditionsgeschäft gem. § 407 Abs. 2 HGB).

6.1.2. Die unpfändbaren Gegenstände

Zur Konkursmasse gehören die beweglichen Sachen nicht, die gem. § 811 Nrn. 1—3, 4 a, 5—8, 10, 12—14 ZPO nicht gepfändet werden dürfen oder nach § 812 ZPO nicht gepfändet werden sollen[63]. Das Arbeitseinkommen ist in den Grenzen der §§ 850 ff. ZPO konkursfrei; Ansprüche, die nicht übertragbar sind, gehören ebenfalls nicht zur Masse (§ 851 Abs. 1 und 2 ZPO)[64].

[61] RGZ 127, 344 und 133, 87; BGHZ 11, 41; BGH NJW 59, 1224. Demgemäß steht dem Treugeber im Konkurs des Treuhänders ein Aussonderungsrecht zu; vgl. unten Abschn. 6.4.1.

[62] RGZ 133, 87.

[63] Ob die Vorschriften über die Austauschpfändung (§§ 811 a, b ZPO) entsprechend anwendbar sind, ist umstritten. Der bejahenden Ansicht (*Schönke-Baur*, § 54 III 1; *M—K*, § 1 Anm. 26) ist zuzustimmen, weil der Pfändungsschutz in diesen Fällen nicht die Substanz, sondern nur den Verwendungszweck ergreift (*a. A. J—L*, § 1 Anm. 19; *B—St*, § 1 Anm. 2 B).

[64] Vgl. dazu im einzelnen ausf. *M—K*, § 1 Anm. 36 ff.

6.1.3. Der Neuerwerb des Gemeinschuldners

Was der Gemeinschuldner nach der Eröffnung erwirbt, ist konkursfreier Neuerwerb. Hier sind insbesondere zu nennen die Gehalts- und Lohnansprüche, die für nach der Eröffnung geleistete Dienste anfallen, weil vorher trotz des abgeschlossenen Dienstvertrages kein — auch kein bedingter — Anspruch vorhanden ist[65], sowie Schenkungen und Erbschaften, die nach Eröffnung angefallen sind (vgl. auch § 9!). Aufschiebend bedingte und betagte Ansprüche sind jedoch kein Neuerwerb, auch wenn sie erst nach der Konkurseröffnung anfallen, weil sie bereits vor Eröffnung rechtlich begründet waren. Entscheidend ist der Zeitpunkt, in dem der Erwerbsgrund gelegt wird, nicht der Zeitpunkt des Bedingungseintritts; die bereits rechtlich geschützte, abtretbare und pfändbare Anwartschaft fällt als solche bereits in die Masse[66].

Auch der sog. Verwaltungserwerb, das sind alle Gegenstände, die der Konkursverwalter durch seine Verwaltungstätigkeit hinzuerwirbt, sind kein Neuerwerb, sondern gehören zur Masse.

Rechte aus einem Sukzessivlieferungsvertrag gehören zur Masse, weil es sich um ein einheitliches Rechtsgeschäft handelt, das lediglich ratenweise zu erfüllen ist; etwas anderes gilt für die immer wieder neu entstehenden Ansprüche aus einem Wiederkehrschuldverhältnis[67], sie sind Neuerwerb, soweit sie nach Konkurseröffnung anfallen.

6.2. Die Aussonderung

Gegenstände, die sich in der sog. Istmasse befinden, dem Gemeinschuldner jedoch nicht gehören und deshalb nicht in die Sollmasse fallen, müssen ausgesondert werden. § 43 verweist auf die „außerhalb des Konkursverfahrens geltenden Gesetze", d. h., ein Aussonderungsrecht besteht im Konkurs nur dann, wenn auf Grund eines dinglichen oder persönlichen Rechts die Herausgabe eines Gegenstandes verlangt werden kann. Zu

[65] RGZ 142, 295. Das beamtenrechtliche und privatrechtliche Ruhegehalt fällt jedoch, soweit pfändbar, in die Masse.
[66] BGHZ 20, 95; 28, 21.
[67] Vgl. dazu ausf. unten Abschn. 8.3.

nennen sind die Ansprüche aus § 985 BGB, § 861 BGB, § 2018 BGB, § 556 BGB, § 604 Abs. 1 BGB, § 1223 BGB.

Ansprüche, die auf *Verschaffung* eines dem Gemeinschuldner gehörigen Gegenstandes gerichtet sind, sind keine Aussonderungsansprüche, sondern nur Konkursforderungen. Hierher gehören Ansprüche, die auf Übereignung eines verkauften Gegenstandes gerichtet sind, oder Bereicherungsansprüche, die allerdings u. U. nach § 59 Nr. 3 im Konkurs eine bevorzugte Belandlung erfahren[68]. Nach Anfechtung eines Rechtsgeschäfts gem. §§ 119 ff. BGB besteht ein Aussonderungsrecht nur dann, wenn die Anfechtung auch das dingliche Geschäft erfaßt hat[69]. Aussonderung ist also die Geltendmachung der Nichtzugehörigkeit eines Gegenstandes zur Sollmasse.

6.3. *Die Absonderung (abgesonderte Befriedigung)*

Beispiel 5:

A hat dem B an einem wertvollen Ring zur Sicherung einer Darlehensforderung ein Pfandrecht bestellt. A fällt in Konkurs. Welche Rechte hat B?

B hat in diesem Fall kein Aussonderungsrecht, weil der Ring im Eigentum des A steht und somit zur Sollmasse gehört. B hat jedoch zur Verstärkung seiner Forderung ein Pfandrecht eingeräumt erhalten, das ihn dazu berechtigt, unter gewissen Voraussetzungen aus dem Gegenstand seine Befriedigung zu suchen (§§ 1228 Abs. 1 und 2, 1235 BGB). Dieses Recht bleibt ihm auch im Konkurs erhalten und berechtigt ihn, außerhalb des Konkursverfahrens (§ 4 Abs. 2) den belasteten Gegenstand verwerten zu lassen und sich aus dem Erlös vorzugsweise (abgesondert) zu befriedigen; ein evtl. Übererlös fällt zur Masse.

Ein Absonderungsrecht kann bestehen

an *unbeweglichen Sachen* nach § 47 zu Gunsten der Gläubiger von Grundpfandrechten[70],

[68] Sog. Masseanspruch, vgl. dazu unten Abschn. 7.

[69] Vgl. *Lehmann-Hübner*, § 27 II 2 d.

[70] Der abgesonderten Befriedigung unterliegt nicht nur das Grundstück selbst, sondern es unterliegen ihr auch alle bewegl. Sachen und Rechte, die nach den §§ 1120 ff. BGB der Hypothek haften. Vgl. dazu ausf. *Kalter* KTS 62, 142.

an beweglichen Sachen und Rechten nach §§ 48, 49 für Gläubiger rechtsgeschäftlicher, gesetzlicher oder durch Zwangsvollstreckung erlangter Pfandrechte oder Zurückbehaltungsrechte.

Ein Absonderungsrecht besteht ferner nach § 157 VVG dann, wenn ein Versicherungsnehmer nach Verursachung eines durch die Versicherung zu deckenden Schadens in Konkurs geraten ist, weil sonst das unbillige Ergebnis einträte, daß der Geschädigte auf die Konkursdividende verwiesen würde, während die Versicherung verpflichtet wäre, den vollen Schadensbetrag zur Masse zu zahlen. Ebenso unbillig wäre es, müßte die Versicherung nur den der Konkursdividende des Geschädigten entstehenden Betrag erbringen — in dem einen Fall zögen die anderen Gläubiger, in dem anderen Fall zöge die Versicherung einen Vorteil aus der Eröffnung des Konkurses. Dem Geschädigten ist deshalb ein Absonderungsrecht an der Versicherungsforderung eingeräumt. Gegen eine u. U. befreiende Leistung der Versicherung an den Gemeinschuldner oder den Verwalter ist der Geschädigte durch § 156 Abs. 1 VVG geschützt[71].

6.4. Sonderfälle

6.4.1. Das Sicherungseigentum

Das Sicherungseigentum wird zwar grundsätzlich nach außen wie vollgültiges Eigentum behandelt, es ist aber schuldrechtlich durch die Rückgabevereinbarung gebunden. Der Sicherungsnehmer erhält sachenrechtlich mehr, als wirtschaftlich gewollt und notwendig ist[72]. Bei der den Konkurs beherrschenden wirtschaftlichen Betrachtungsweise[73] wird das pfandrechtsähnliche Sicherungseigentum deshalb im Konkurs des Sicherungsgebers wie ein Pfandrecht behandelt und gewährt nach h. M. nur ein Absonderungsrecht[74].

[71] Noch besser ist der Geschädigte durch § 3 Nrn. 1, 2 und 7 PflVersG geschützt; er kann seinen Anspruch unmittelbar gegenüber dem Versicherer geltend machen, der ihm zusammen mit dem Schädiger als Gesamtschuldner haftet, braucht sich also am Konkurs des Schädigers nicht zu beteiligen.

[72] Vgl. dazu *Schönke-Baur,* § 57 I.

[73] Vgl. dazu ausf. *Berges* KTS 70, 99.

[74] RGZ 145, 193; 157, 45; BGH NJW 59, 939; *Serick,* § 35 III; *Boehmer* S. 161/163; *Schönke-Baur,* § 57 V.

Im Konkurs des Sicherungsnehmers gewährt die h. M. dem Sicherungsgeber ein Aussonderungsrecht[75], sofern er die gesicherte Forderung durch Leistung an die Masse tilgt, weil dann eine der Tilgung einer pfandgesicherten Forderung entsprechende Rechtslage (§ 1223 Abs. 2 BGB) eintritt.

6.4.2. Der verlängerte und erweiterte Eigentumsvorbehalt, die Vorausabtretung

Beispiel 6:

A ist Möbelhersteller. B liefert ihm das zur Fabrikation benötigte Holz; er hat sich bis zur vollständigen Bezahlung das Eigentum am gelieferten Holz vorbehalten. Über das Vermögen des A wird der Konkurs eröffnet.

Betrachtet man die Stellung des B im Konkurs des A, so steht zunächst fest, daß er an dem noch vorhandenen Holz ein Aussonderungsrecht gem. § 43, § 985 BGB[76] hat. Um einem Verlust des Vorbehaltseigentums durch die Verarbeitung des Holzes zu Möbelstücken (§ 950 BGB) vorzubeugen, muß B mit A einen verlängerten Eigentumsvorbehalt vereinbaren, der auch die von A erst herzustellenden Möbelstücke erfaßt[77]. An diesen Möbelstücken ist jedoch der Verkäufer B nur insoweit interessiert, als sie seinen Kaufpreisanspruch sichern. Während er das noch nicht verarbeitete Holz herausverlangt, um es anderweit verkaufen zu können, ist ihm mit einer Herausgabe der Möbelstücke nicht gedient (Was soll er damit?), sein Interesse geht dahin, aus dem Erlös der Möbel seine Kaufpreisforderung gedeckt zu erhalten; das aber ist die typische Interessenlage des Absonderungsberechtigten. Dem Materiallieferanten wird deshalb von der h. M. auf

[75] RGZ 92, 281; *J—L*, § 43 Anm. 41 a.

[76] Das Recht des A zum Besitz wird jedenfalls mit Rücktritt des B gem. § 455 BGB erlöschen; nach *Serick* (I, S. 137) erlischt das Besitzrecht sogar schon bei Verzug des Käufers hinsichtlich der Kaufpreiszahlung.

[77] Wie diese Vereinbarung zu lauten hat und wie das gewünschte Ergebnis begründet wird, ist lebhaft umstritten. Hier kann auf diese Problematik nicht näher eingegangen werden, vgl. dazu die ausf. Rechtsprechungshinweise bei *Palandt-Degenhart*, § 950 Anm. 3 und *Flume* NJW 50, 841; *Hofmann* NJW 62, 1798 sowie die Darstellungen des Problemkreises bei *Baur*, § 53 d und *Westermann*, § 53 I 2.

Grund seines verlängerten Eigentumsvorbehalts kein Aus-, sondern ein Absonderungsrecht gewährt[78].

Auch dieser verlängerte Eigentumsvorbehalt schützt den Lieferanten nur, solange sich die Gegenstände beim Hersteller befinden. Weder schützt ihn eine Abrede, den Eigentumsvorbehalt dem (Zweit-)Käufer „weiterzugeben", weil der Eigentumsvorbehalt mit Erfüllung durch den (Zweit-)Käufer erlischt[79] noch hätte eine bloß schuldrechtliche Verpflichtung zur Abtretung der künftigen Kaufpreisforderungen im Konkurs des (Erst-)Käufers die gewünschte Wirkung, weil sie als Verschaffungsanspruch lediglich eine Konkursforderung gäbe.

Schutz gewährt dem Lieferanten nur eine sofortige Vorausabtretung der sich aus dem Weiterverkauf ergebenden Kaufpreisforderungen[80]; allerdings schützt auch sie nicht uneingeschränkt, weil der in Unkenntnis der Abtretung an den (Erst-)Käufer zahlende Erwerber durch § 407 Abs. 1 BGB geschützt ist. Die wirksame Vorausabtretung gewährt dem Zessionar im Konkurs des Zedenten nach h. M. kein Aussonderungsrecht, weil es sich um eine typische Sicherungsabtretung handelt, sondern ein Recht auf abgesonderte Befriedigung aus den abgetretenen Forderungen[81].

Bei mehrfacher Vorausabtretung gilt der Grundsatz der Priorität. Er gilt auch, wenn die Abtretungen aus verlängertem Eigentumsvorbehalt (also für den Rohstofflieferanten) mit einer Globalzession zu Gunsten eines Geldkreditgebers zusammentreffen[82]. Jedoch können einer Zession Mängel anhaften, die zu deren Unwirksamkeit führen; solche Mängel können sich insbesondere daraus ergeben, daß der Zessionar nicht gebührende

[78] *M—K*, § 43 Anm. 36; *B—St*, § 43 Anm. 3; LG Hildesheim NJW 58, 1499; *Flume* a. a. O. (Fußn. 77). *A. A. Franke* BB 55, 718.

[79] *M—K*, § 43 Anm. 33.

[80] Die Vorausabtretung wirft manche Probleme, insbesondere hinsichtl. der Bestimmbarkeit der abzutretenden Forderung auf. An der insoweit recht großzügigen Rspr. des BGH (z. B. BGHZ 7, 365; 26, 178) übt *Kaemmerer* (JZ 53, 97) mit beachtlichen Gründen Kritik. *Ebenso M—K*, § 43 Anm. 38. Ausf. Rspr.- und Schrifttumshinweise bei *Palandt-Danckelmann*, § 398 Anm. 3 d.

[81] BGH MDR 71, 208; *J—L*, § 43 Anm. 37; *B—St*, § 43 Anm. 11.

[82] BGHZ 26, 193; 30, 149; 32, 361. Vgl. auch Fußn. 83.

Rücksicht auf das Sicherungsbedürfnis anderer Gläubiger nimmt[83].

6.5. Die Ersatzaussonderung

Beispiel 7:

A hat B ein Fernsehgerät zur Reparatur gegeben. B veräußert das Gerät an den nichtsahnenden C. Über das Vermögen des B wird das Konkursverfahren eröffnet.

Der wesentliche Unterschied zu den oben (Abschn. 6.4.2) behandelten Vorgängen besteht darin, daß dort die Weiterveräußerung der Möbelstücke im Rahmen des normalen Geschäftsbetriebs erforderlich und auch vom Vorbehaltseigentümer gestattet war; hier hat B ohne Wissen und Zustimmung des A dessen Eigentum *unberechtigt* weiterveräußert. Es liegt auf der Hand, daß in den beiden Fällen die Beteiligten unterschiedlich schutzwürdig sind: Der Holzhändler weiß, daß A die Möbel herstellt, um sie zu verkaufen. Wenn er sich sichern will, so muß er für diesen Fall eine geeignete Vereinbarung mit A treffen. Tut er das nicht, so trägt er das Risiko, bei Zahlungsunwilligkeit oder Zahlungsunfähigkeit des B seine Kaufpreisforderungen nicht gesichert zu haben.

Im vorliegenden Falle denkt A jedoch nicht daran, daß B das Fernsehgerät widerrechtlich veräußern könnte, es besteht für ihn keine Veranlassung, sich in irgendeiner Form zu sichern.

Für diesen Fall einer unberechtigten Vereitelung eines Aussonderungsrechts gibt § 46 ein Recht auf sog. Ersatzaussonderung der Gegenleistung[84]. Es ist für die Anwendbarkeit des

[83] BGHZ 32, 361; BGH NJW 60, 1003; BGH MDR 68, 658 und NJW 69, 318. Die Probleme des Zusammentreffens von verl. EV und Globalzession haben im Schrifttum vielfältige und kontroverse Stellungnahmen gefunden, vgl. *Serick* BB 60, 141 (i. S. des BGH), *Ermann* BB 59, 1109 (für Teilung der Forderung); *Flume* NJW 50, 847 (für Vorrang des EV, ebenso *Falkenstein* Betr. 60, 313 und *Neubeck* NJW 60, 1955).

[84] § 46 stattet den Ersatzanspruch aus §§ 816 Abs. 1 S. 1, 687 Abs. 2 i. V. m. 681 S. 2, 667 BGB mit Aussonderungswirkung aus; die Vorschrift ist deshalb unanwendbar, wenn die Veräußerung gestattet war; BGH NJW 53, 217; *Serick* § 13 II 4. Dies ergibt sich daraus, daß eine rechtmäßige Veräußerung nicht unter § 816 BGB fällt (vgl.

§ 46 nicht Voraussetzung, daß der Dritte wirksam erworben hat[85]; der Berechtigte soll nicht auf einen oft zweifelhaften Rechtsstreit verwiesen werden, in dem ihm der Beweis der Bösgläubigkeit des Erwerbers obläge, sondern er kann — wenn die Voraussetzungen des § 46 vorliegen — im Konkurs seinen Ersatzaussonderungsanspruch sofort geltend machen.

Dieser richtet sich, wenn die Gegenleistung noch nicht erbracht ist, auf ersatzweise Aussonderung, d. h. Abtretung, der Forderung auf die Gegenleistung. § 46 S. 1.

Ist die Gegenleistung bereits erbracht worden, so ist entscheidend, ob dies vor oder nach Konkurseröffnung geschah: Wurde die Gegenleistung vor Konkurseröffnung erbracht, so kann eine Aussonderung des Anspruchs nicht mehr stattfinden, weil er durch die wirksame Leistung erloschen ist; die Leistung selbst kann in diesem Fall gleichfalls nicht ausgesondert werden. § 46 S. 2. Der Geschädigte hat in diesem Fall nur einen Schadensersatzanspruch, der als Konkursforderung geltend zu machen ist.

Wurde die Gegenleistung nach Konkurseröffnung erbracht, so kann sie vom Geschädigten herausverlangt werden, allerdings auch nur dann, wenn sie sich noch unterscheidbar in der Masse befindet[86]. Das ist nicht nur bei der Leistung beweglicher Sachen der Fall, sondern auch dann, wenn die in Geld bestehende Gegenleistung nicht bar erbracht, sondern auf ein Konto überwiesen worden ist[87], weil hier die Bankbuchungen die betreffende Überweisung noch unterscheidbar kennzeichnen. Ist die Gegenleistung nicht mehr unterscheidbar in der Masse, etwa weil das bar bezahlte Geld mit anderem vermengt worden ist, so kann allenfalls für den Geschädigten noch ein Anspruch aus Massebereicherung (§ 59 Nr. 3) bestehen[88].

Jahr JuS 63, 397). Bedenklich BGHZ 30, 176, der § 46 auch anwendet, wenn eine vereinbarte Vorausabtretung nicht wirksam wird; der Verkäufer dürfte in einem solchen Fall regelmäßig nicht schutzwürdig sein, es obliegt ihm, sich durch rechtsgültige Vereinbarungen zu sichern!

[85] RGZ 98, 148; 141, 89; *Serick* § 13 II 4; *J—L*, § 46 Anm. 3.

[86] RGZ 141, 92; BGHZ 10, 377; *J—L*, § 46 Anm. 18.

[87] BGHZ 10, 384; *M—K*, § 46 Anm. 14; *J—L*, § 46 Anm. 17 a.

[88] Vgl. dazu unten Abschn. 7.2.3.

„Veräußerung" i. S. von § 46 setzt eine rechtsgeschäftliche Beziehung zwischen Gemeinschuldner bzw. Verwalter und dem Erwerber voraus[89]; orginärer Erwerb auf Grund tatsächlicher Vorgänge löst die Folgen des § 46 nicht aus. Es genügt jedoch, daß der Rechtsverlust zwar auf einem tatsächlichen Vorgang (z. B. im Rahmen des § 946 BGB) beruht, der Gemeinschuldner jedoch aufgrund einer rechtsgeschäftlichen Beziehung mit dem Erwerber zur Verschaffung des Eigentums verpflichtet war[90].

Liegt eine unentgeltliche Veräußerung vor, so kann § 46, der eine Gegenleistung voraussetzt, keine Anwendung finden. In einem solchen Fall besteht, wenn der Gemeinschuldner verfügt hat, neben dem regelmäßig gegen den Erwerber begründeten Anspruch aus § 816 Abs. 1 S. 2 BGB gegen die Konkursmasse nur ein Schadensersatzanspruch, der als gewöhnliche Konkursforderung geltend zu machen ist. Hat der Verwalter verfügt, so besteht gegen ihn ein Anspruch nach § 82; ein Masseanspruch aus § 59 Nr. 1 scheidet aus, weil unentgeltliche Verfügungen nicht in den gesetzlichen Wirkungskreis des Verwalters fallen.

Bei der Vereitelung eines Absonderungsrechtes wendet die h. M. gleichfalls § 46 an[91]; sie begründet dieses — an sich systemwidrige — Ergebnis damit, daß § 816 BGB auch auf Verfügungen anwendbar ist, die ein beschränktes dingliches Recht zum Erlöschen bringen[92]. Da der Anspruch aus § 816 in § 46 für den Konkurs lediglich verfahrensrechtlich „verstärkt" worden ist, müsse die Vorschrift auch in diesem Fall anwendbar sein.

6.6. *Die Freigabe von Massegegenständen durch den Verwalter*

Gibt der Konkursverwalter einen Massegegenstand an den Gemeinschuldner frei, so wird er aus dem Konkursbeschlag gelöst; der Gemeinschuldner erlangt die freie Verfügungsbefugnis über ihn. Die Freigabe geschieht durch einseitige, empfangs-

[89] BGHZ 30, 180; *B—St*, § 46 Anm. 3; *J—L*, § 46 Anm. 10.
[90] BGH a. a. O. (Fußn. 89); *M—K*, § 46 Anm. 6; *B—St*, § 46 Anm. 3; *Serick*, § 13 II 4. Vgl. dazu die instruktive Darstellung des in BGHZ 30, 176 entschiedenen Falles bei *Baur*, Fälle S. 70.
[91] *M—K*, § 46 Anm. 4; *J—L*, § 46 Anm. 5.
[92] *Soergel-Siebert*, § 816 Anm. 10; *Staudinger-Seuffert*, § 816 Anm. 3 a.

bedürftige Willenserklärung, die unwiderruflich[93] ist und nicht wegen Irrtums angefochten werden kann[94]. Zulässig ist jedoch nach h. M. eine Anfechtung wegen arglistiger Täuschung.

7. Massekosten und Masseschulden

Zu den Aufgaben des Verwalters gehört nicht nur die Ermittlung und Herstellung der Sollmasse, sondern auch die Sichtung und Prüfung der Verbindlichkeiten des Gemeinschuldners.

Zwar gilt der Grundsatz, daß die Konkursforderungen[95] zunächst bei Gericht anzumelden sind (§§ 138, 139)[96], jedoch gibt es auch einige bevorzugte Arten von Ansprüchen, die vom Verwalter vorweg und in voller Höhe aus der Barmasse zu begleichen sind: Die sog. Massekosten und Masseschulden.

Wir haben also neben dem Absonderungsrecht, das ein Recht auf bevorzugte Befriedigung aus einem einzelnen, bestimmten Gegenstand beinhaltet, eine weitere Ausnahme vom Grundsatz der Verlustgemeinschaft, nämlich eine bevorzugte Barbefriedigung aus der Gesamtmasse. § 57. Reicht sie nicht aus, tritt eine verhältnismäßige Befriedigung nach Maßgabe des § 60 ein.

7.1. Die Massekosten

Massekosten sind die Kosten (im weitesten Sinn), die durch das Konkursverfahren entstehen. § 58.

Hierher gehören:

Gerichtskosten und Auslagen (Nr. 1) — §§ 48 ff. GKG — sofern sie der Gemeinschuldner zu tragen hat, also nicht die Kosten eines sog. besonderen Prüfungstermins (§ 142 Abs. 1 S. 2).

Die Vergütung des Verwalters und der Mitglieder des Gläubigerausschusses[97],

[93] OLG Nürnberg MDR 57, 683.

[94] *J—L*, § 6 Anm. 27; *M*—K, § 1 Anm. 5.

[95] Zum Begriff s. unten Abschn. 11.1.

[96] S. dazu unten Abschn. 11.2.

[97] Die Höhe der Vergütung ist geregelt in der VO über die Vergütung des Konkursverwalters, des Vergleichsverwalters, der Mitglieder des Gläubigerausschusses und der Mitglieder des Gläubigerbeirates v. 25. 5. 60 (BGBl. I S. 329), geändert dch. VO v. 22. 12. 67 (BGBl. I S. 1366) u. dch. VO v. 19. 7. 72 (BGBl. I S. 1260).

die öffentlichen Abgaben für die Massegegenstände (Grundsteuer, Feuerversicherung, Gewerbe- und Umsatzsteuer, sowie Lohnsteuer und Sozialabgaben bei Weiterführung des Betriebes),
eine evtl. Unterstützung für den Gemeinschuldner (vgl. § 129 Abs. 1, § 132).

7.2. Die Masseschulden

Die Masseschulden sind in § 59 geregelt; wir unterscheiden drei Arten:

Ansprüche aus Verwaltertätigkeit (§ 59 Nr. 1)
Ansprüche aus notwendiger Vertragserfüllung (§ 59 Nr. 2)
Ansprüche aus Massebereicherung (§ 59 Nr. 3).

7.2.1. Die Ansprüche aus Verwaltertätigkeit

Masseschulden sind nach Nr. 1 alle Verbindlichkeiten, die der Konkursverwalter innerhalb seines gesetzlichen Wirkungskreises durch Rechtsgeschäfte oder Rechtshandlungen zu Lasten der Masse begründet. Hierher gehören auch Prozeßhandlungen; Masseschulden sind dann insbesondere die Kostenerstattungsansprüche der Gegenpartei aus einem vom Konkursverwalter geführten Rechtsstreit (s. dazu unten Abschn. 9.3). Auch aus Unterlassungen des Konkursverwalters können Masseschulden entstehen, sofern eine Amtspflicht zum Tätigwerden bestanden hätte[98].

Außerhalb seines gesetzlichen Wirkungskreises kann der Verwalter die Masse nicht nach § 59 Nr. 1 verpflichten (Beispiele: Verkauf von Gegenständen, von denen der Verwalter weiß, daß sie nicht zur Sollmasse gehören). In solchen Fällen besteht nur eine persönliche Haftung des Verwalters aus § 82.

7.2.2. Die Ansprüche aus notwendiger Vertragserfüllung

Die Ansprüche aus notwendiger Vertragserfüllung (Nr. 2) betrachten wir in Abschnitt 8 eingehend; sie können nur in

[98] Vgl. dazu LG Dortmund Rpfleger 63, 312.

Zusammenhang mit der Regelung der §§ 17 ff. verstanden werden.

7.2.3. *Die Ansprüche aus Massebereicherung*

Masseschulden bestehen nach Nr. 3 schließlich immer dann, wenn die Masse unmittelbar rechtlos bereichert ist. Nicht unter diese Vorschrift fällt somit eine vor Konkurseröffnung eingetretene Bereicherung, mag sie sich auch noch unterscheidbar in der Masse befinden.

Die Bereicherung muß rechtsgrundlos sein, wobei es genügt, wenn der rechtliche Grund als Folge der Konkurseröffnung weggefallen ist. Der Anspruch aus § 59 Nr. 3 ist ein echter Bereicherungsanspruch, auf den die §§ 818 ff. BGB Anwendung finden.

Ein Anspruch kann jedoch sowohl aus § 59 Nr. 1 als auch aus Nr. 3 begründet sein.

> *Beispiel 8:*
> A hat B einen wertvollen Ring zur Sicherung einer Darlehensforderung übereignet, darf ihn jedoch vereinbarungsgemäß in Besitz behalten. Verwalter V veräußert den Ring an den nichtsahnenden C. V wußte infolge Fahrlässigkeit nichts von der Sicherungsübereignung. Der Kaufpreis wird bar bezahlt.

Die Sicherungsübereignung gab B ein — nun vereiteltes — Absonderungsrecht. Ersatzaussonderung kann er aber schon deshalb nicht geltend machen, weil die Gegenleistung sich nicht mehr unterscheidbar in der Masse befindet; es besteht ein Anspruch aus § 59 Nr. 3. Gleichzeitig besteht jedoch auch ein Anspruch aus § 59 Nr. 1, weil der Verwalter innerhalb seines gesetzlichen Wirkungskreises fahrlässig das Recht des B verletzt hat[99]. Da B als Absonderungsberechtigter „Beteiligter" i. S. von § 85 ist, besteht zwischen ihm und dem V auch ein gesetzliches Schuldverhältnis, innerhalb dessen die Pflichtverletzung des V eine persönliche Schadensersatzpflicht aus § 82 auslöst. Die Ansprüche bestehen nebeneinander[100].

[99] RGZ 33, 118; *J—L*, § 59 Anm. 12.
[100] RGZ 144, 179; BGH LM § 82 KO Nr. 1.

8. Die Abwicklung gegenseitiger Verträge im Konkurs

8.1. Grundsätzliches

Hat ein Vertragspartner des Gemeinschuldners seine Leistung aus einem gegenseitigen Vertrag bereits vor Konkurseröffnung erbracht, die ihm gebührende Leistung aber noch nicht erhalten, so muß er seine Forderung anmelden (quotenmäßige Befriedigung!), seine eigene Leistung jedoch kann er aus der Masse nicht zurückverlangen, § 26 S. 1 („Vorleistung ist Vertrauenssache!"). Hat der Gemeinschuldner vorgeleistet, so muß der Vertragspartner die ihm obliegende Leistung zur Masse bringen.

8.2. Das Wahlrecht des Verwalters

Hatte der Vertragspartner des Gemeinschuldners voll erfüllt, ohne die Leistung seines Vertragspartners abzuwarten, so handelte er auf eigene Gefahr; das daraus entstehende Risiko, das im Konkurs voll zur Geltung kommt, muß er tragen, ohne daß dies als ungerecht empfunden werden könnte.

Anders ist die Rechtslage, wenn beide Seiten einen gegenseitigen Vertrag noch nicht erfüllt haben. Hier wäre es ungerecht, den Vertragspartner zur Leistung an die Masse zu zwingen, ihn jedoch wegen seiner Ansprüche auf die Konkursquote zu verweisen; er hat ja (anders als der — auf eigene Gefahr — Vorleistende) seine Leistung noch nicht erbracht, weil auch der Gemeinschuldner noch nicht geleistet hatte (Rechtsgedanke des § 320 BGB!).

Hier hat vielmehr der Konkursverwalter nach § 17 ein Wahlrecht zwischen Erfüllung oder Nichterfüllung des Vertrages.

Die Vorschrift des § 17 setzt voraus

- daß es sich um einen gegenseitigen Vertrag handelt, der Wortlaut des § 17 Abs. 1 ist aus historischen Gründen insoweit ungenau. § 17 ist also nicht anwendbar auf einseitige oder unvollkommen zweiseitige Verträge, wie z. B. Leihe, unentgeltliche Verwahrung, Darlehen, Bürgschaft, Schenkung oder Auftrag[101];

[101] Weitere Beispiele für Verträge, auf die § 17 nicht anwendbar ist, bei *M—K*, § 17 Anm. 7 mit 16.

— daß der Vertrag von keiner Seite voll erfüllt ist; er muß vielmehr von beiden Seiten noch gar nicht oder nur teilweise erfüllt sein. Beim Verkäufer liegt Vollerfüllung erst bei Besitz- und Eigentumsverschaffung vor, beim Käufer erst mit Zahlung des Kaufpreises und Abnahme[102].

Beispiel 9:
A hat dem B eine Maschine verkauft. Bevor sie geliefert wird und von B bezahlt werden kann, fällt B in Konkurs.

Wählt in diesem Falle der Verwalter die Erfüllung, so muß er den Kaufpreis in voller Höhe als Masseschuld an A bezahlen, § 59 Nr. 2 (es handelt sich hier nämlich um einen Vertrag, dessen Erfüllung zur Konkursmasse verlangt wird, s. oben Abschn. 7.2). A hingegen muß die Maschine zur Masse liefern.

Wählt der Verwalter die Nichterfüllung, so kommt der Vertrag zwar nicht zum Erlöschen, es entfallen jedoch ex nunc die gegenseitigen Erfüllungsansprüche, an ihre Stelle tritt eine einseitige Konkursforderung (also keine Masseschuld!) des Vertragspartners auf Schadensersatz[103]. Maßgebend für die Schadensberechnung ist das Erfüllungsinteresse des Gläubigers, er kann entweder die konkrete oder auch die abstrakte Schadensberechnung wählen. Für Inhalt und Umfang des Anspruchs gelten die §§ 249 ff. BGB.

Die Ausübung des Wahlrechts ist an keine Form gebunden; sie geschieht durch einseitige empfangsbedürftige Willenserklärung, auch in der Form der konkludenten Handlung. Eine aus-

[102] Wenn seitens des Käufers nur noch die Abnahme des Kaufgegenstandes aussteht, lehnen *P—Gr,* § 14 IV Fußn. 6 und RG Warn. 26, 115 die Anwendung des § 17 ab, weil hier dem Käufer die Einrede aus § 320 BGB nicht mehr zur Seite stehe und § 17 nur diese Einrede mit konkursrechtlicher Schutzwirkung ausstatte. Die h. M. (*J—L,* § 17 Anm. 13; *M*—K, § 17 Anm. 18; RGZ 142, 296) ist jedoch anderer Ansicht. Ebenso: BGH DNOtZ 72. 532.

[103] RGZ 64, 207; 86, 250; BGH NJW 63, 1869. Die Rechtsnatur dieses Ersatzanspruches ist umstritten, vgl. dazu BGH KTS 62, 47 und *Feldhaus* JZ 56, 313. Nach wohl h. M. handelt es sich dabei um den allgemeinen Schadensersatzanspruch nach § 326 BGB.

drückliche Wahlerklärung ist bedingungsfeindlich und unwiderruflich, sie kann nach Maßgabe der §§ 119 ff. BGB angefochten werden.

Gibt der Verwalter keine Erklärung ab, so kann der Vertragspartner seinerseits den Schwebezustand beenden. § 17 Abs. 2.

8.3. Der Sukzessivlieferungsvertrag und das Wiederkehrschuldverhältnis

Folgende Beispiele seien einander gegenübergestellt:

Beispiel 10:
A hat bei Kohlenhändler B 600 Zentner Kohlen bestellt, jeden Monat sollen 100 Zentner geliefert werden. Als B 200 Zentner geliefert hat, fällt A — der noch nichts bezahlt hat — in Konkurs.

Beispiel 11:
A hat mit den Isar/Amperwerken einen Vertrag über die Lieferung von elektrischer Energie geschlossen. Die Rechnung für April und Mai ist noch nicht bezahlt, als A im Juni in Konkurs fällt.

Bei Beispiel 10 sprechen wir von einem Sukzessivlieferungsvertrag, weil eine feststehende Vertragsleistung lediglich ratenweise („sukzessive") erbracht wird.

Bei Beispiel 11 sprechen wir von einem Wiederkehrschuldverhältnis, weil in jedem Bezugszeitraum kraft einer (wenn auch nur stillschweigenden) Wiederholung des Vertragsabschlusses für die weiteren Bezugsmengen — die ja nicht vorbestimmt werden können — ein neuer Vertrag zustandekommt[104].

[104] Zu diesem Wiederkehrschuldverhältnis vgl. RGZ 148, 330 und BGH Betr. 52, 949. *Larenz*, Lehrbuch, § 2 VI Fußn. 2 hat an dieser Konstruktion erhebliche Zweifel. Die Annahme eines solchen Vertragstyps dürfte der h. M. entsprechen; vgl. auch *E—L*, § 101 II 4, *Künne* KTS 58, 94. Zuleitungsverträge über Lieferung von Gas, Wasser und elektrischer Energie dürften in der Regel solche Wiederkehrsschuldverhältnisse sein (*M—K*, § 17 Anm. 27; *B—St*, § 3 Anm. 4), ohne daß es auf die abweichende rechtliche Qualifizierung in den allgemeinen Geschäftsbedingungen der Energiewirtschaft ankäme

Das Schicksal der beiden Vertragstypen ist — und darin liegt die Ursache für den um sie geführten Streit — im Konkurs unterschiedlich:

Wenn der Konkursverwalter beim Sukzessivlieferungsvertrag (Beispiel 10) die Erfüllung wählt,

hat B weiter zu liefern; seine Kaufpreisansprüche sind in voller Höhe (also bezüglich der Lieferungen vor und nach Eröffnung) Masseschulden nach § 59 Nr. 2;

wählt er Nichterfüllung,

so erlischt der Anspruch auf die noch ausstehenden Teilleistungen des B;

die Gegenleistung für die bereits gelieferten Kohlen und der Schadensersatzanspruch für teilweise Nichterfüllung sind gewöhnliche Konkursforderungen.

Wenn der Konkursverwalter beim Wiederkehrschuldverhältnis (Beispiel 11) die Erfüllung wählt,

muß das E.-Werk weiter Strom liefern; seine künftigen (also nach Eröffnung entstehenden) Ansprüche sind Masseschulden, § 59 Nr. 2, die Ansprüche aber, die vor Eröffnung entstanden sind, werden nur als gewöhnliche Konkursforderung behandelt[105].

Beim Sukzessivlieferungsvertrag sind somit nach der Erfüllungswahl des Verwalters *alle* Gegenleistungsraten Masseschulden, beim Wiederkehrschuldverhältnis werden nur die nach Konkurseröffnung entstehenden Ansprüche als Masseschulden behandelt. Der für die Konkursmasse ungünstigen Regelung beim Sukzessivlieferungsvertrag kann der Verwalter dadurch entgehen, daß er für den bestehenden Vertrag Nichterfüllung wählt und zugleich den Abschluß eines neuen Vertrages anbietet. Darin kann nach h. Rspr. kein arglistiges oder sittenwidriges Verhalten gesehen werden, weil der Verwalter nicht nur berechtigt, sondern sogar verpflichtet ist, die Masse von Ansprüchen zu entlasten, soweit ihm dies das Gesetz ermög-

(BGH a. a. O.). Die vereinzelten abweichenden Stellungnahmen (LG Hagen KTS 58, 93, vgl. auch OLG Nürnberg BayJMBl. 54, 136), denen sich auch *J—L,* § 17 Anm. 18 a anschließen, haben sich jedoch nicht durchsetzen können.

[105] Vgl. die in Fußn. 104 genannten Nachweise.

licht[106]. Freilich kann der Lieferant, sofern er nicht einem gesetzlichen oder aus seiner tatsächlichen Monopolstellung folgenden Kontrahierungszwang unterliegt, den Neuabschluß ablehnen.

8.4. Der Kauf unter Eigentumsvorbehalt

Ist ein Kauf mit Eigentumsvorbehalt zustandegekommen, so hat der Verkäufer nicht schon mit der Besitzverschaffung am Kaufgegenstand und der bedingten Übereignung voll erfüllt; da der Erfüllungserfolg (Eigentumsübergang) noch nicht eingetreten ist, fällt auch dieser Vorgang grundsätzlich unter § 17[107].

Im Konkurs des Vorbehalts*käufers* hat der Eintritt des Verwalters in den Vertrag zur Folge, daß die (weiteren) Kaufpreisraten als Masseschuld gem. § 59 Nr. 2 zu leisten sind, nach Zahlung der letzten Rate fällt der Kaufgegenstand in die Masse[108].

Umstritten ist, ob im Konkurs des Vorbehalts*verkäufers* der Verwalter durch Erfüllungsablehnung dem Käufer die Kaufsache ungeachtet des bestehenden Anwartschaftsrechts und trotz dessen Vertragstreue entziehen kann. Eine ältere Ansicht[109] bejaht dies, ausgehend vom — sicherlich zutreffenden — Wortlaut des § 17, sofern nicht im Einzelfall ein Verstoß gegen Treu und Glauben vorliegt[110].

Die wohl h. M.[111] lehnt dies — m. E. zu Recht — mit wechselnden Begründungen ab. Entscheidend dürfte sein, daß § 17 dem Verwalter lediglich eine Einwirkungsmöglichkeit auf

[106] BGH KTS 61, 11.

[107] RGZ 133, 42; *J—L*, § 17 Anm. 11; *M—K*, § 17 Anm. 18; *B—St*, § 17 Anm. 36.

[108] Er ist trotz des ex nunc eintretenden Eigentumsübergangs nicht etwa Neuerwerb des Gemeinschuldners, denn das Anwartschaftsrecht befand sich bereits in der Masse; erstarkt es nach Bedingungseintritt zum Vollrecht, so fällt auch dieses in die Masse. Vgl. im übrigen zum Konkurs des Vorbehaltskäufers BGH NJW 67, 2204; *J—L*, § 17 Anm. 11 und *Bauknecht* NJW 56, 1178.

[109] RGZ 133, 42; *J—L*, § 18 Anm. 11; *M—K*, § 17 Anm. 18.

[110] Vgl. RGZ 140, 156.

[111] *B—St*, § 17 Anm. 3 b; *Raiser*, Dingliche Anwartschaften, S. 95 Fußn. 219, *Mohrbutter* KTS 65, 192; *Bauknecht* NJW 56, 1178; *Unger* KTS 69, 211; *Zunft* NJW 56, 1422 mit vielen weiteren Nachw.

schuldrechtliche Verhältnisse gibt, nicht jedoch die Befugnis verleiht, auch nur mittelbar dingliche Rechte, wie hier das Anwartschaftsrecht des Käufers, zu vernichten. Dies folgt wohl eindeutig daraus, daß eine unmittelbare Verfügung des Verwalters über das Anwartschaftsrecht in entsprechender Anwendung des § 161 Abs. 1 BGB als unwirksam anzusehen ist[112]. § 161 BGB ist gegenüber § 15 und § 17 KO die speziellere Norm. Im Konkurs des Vorbehaltsverkäufers kann deshalb nach h. M. der Verwalter die Vertragserfüllung nur dann verweigern, wenn der Käufer seinen vertraglichen Verpflichtungen nicht nachkommt.

8.5. Die Vormerkung

Für Ansprüche, die durch Vormerkung (§ 883 BGB) gesichert sind, enthält § 24 eine dem vorstehend behandelten Fall vergleichbare Ausnahme von § 17. Dort gab das dingliche Anwartschaftsrecht an einer beweglichen Sache dem Erwerber eine über den rein schuldrechtlichen Anspruch hinaus verstärkte und (wegen § 161 BGB) im Konkurs beständige Rechtsstellung, hier ist — vom Vormerkungszweck ausgehend — in § 24 die Vormerkung mit einer Wirkung ausgestattet, die einer dinglichen gleichkommt[113].

Ist eine Vormerkung wirksam eingetragen, so ist der Vormerkungsberechtigte nicht auf die konkursmäßige Befriedigung seines Anspruches angewiesen, sondern er kann vom Verwalter die volle Befriedigung seines Anspruches verlangen. Er ist so zu stellen, wie ihn der Gemeinschuldner stellen müßte, wäre kein Konkurs anhängig; die notwendigen Rechtshandlungen hat der Konkursverwalter vorzunehmen.

8.6. Die Behandlung von Dauerschuldverhältnissen

Sonderregelungen gelten ferner für bestimmte Dauerschuldverhältnisse, nämlich

[112] So insbesondere *Raiser* a. a. O. (Fußn. 111).

[113] Vgl. RGZ 113, 409; 151, 393. Ähnl. Regelungen enthalten §§ 439 Abs. 2, 884, 1971, 1974 Abs. 3, 2016 BGB und § 48 ZVG, Zum Wesen der Vormerkung im Konkurs s. auch *Weimar* KTS 55, 168 und WM 63, 278; *Wunner* NJW 69, 115.

für Dienst (Arbeits-)Verhältnisse (s. unten 8.6.1)
für Mietverhältnisse (s. unten 8.6.2)
für Geschäftsbesorgungsverträge (s. unten 8.6.3)

8.6.1. Das Dienstverhältnis im Konkurs

Der Gemeinschuldner ist Dienstberechtigter (Arbeitgeber): In diesem Fall können der Konkursverwalter und der Dienstverpflichtete (Arbeitnehmer) mit gesetzlicher Kündigungsfrist das Dienstverhältnis kündigen. § 22. Sieht der Dienstvertrag eine kürzere Kündigungsfrist vor, so ist diese maßgebend. Kündigungsschutzbestimmungen (KündSchG vom 9. 7. 1926; SchwBeschG, MutterSchG) gelten weiter. Für Lehrverträge gilt § 22 entsprechend, nach h. M. sind sie ohne Einhaltung einer Frist kündbar.

Bei vorzeitiger Kündigung seitens des Verwalters hat der Dienstberechtigte einen Schadensersatzanspruch (§ 22 Abs. 2), der jedoch lediglich als einfache Konkursforderung geltend gemacht werden kann.

§ 22 findet auf Dienstverhältnisse, welche nicht die unselbständige Ausübung einer umfassenden Dienstpflicht, sondern eine Geschäftsbesorgung zum Gegenstand haben, keine Anwendung, für sie gilt § 23 (§ 23 Abs. 2).

Ist der Gemeinschuldner der Dienstverpflichtete (Arbeitnehmer), so wird das Dienstverhältnis durch den Konkurs unmittelbar nicht berührt. Was der Gemeinschuldner nach Konkurseröffnung als Vergütung (Lohn, Gehalt) bezieht, unterliegt als Neuerwerb nicht den konkursmäßigen Beschränkungen (vgl. oben Abschn. 6.1.3).

8.6.2. Das Mietverhältnis im Konkurs

Der Gemeinschuldner ist *Vermieter:*

Ist dem Mieter der Mietgegenstand im Zeitpunkt der Konkurseröffnung bereits überlassen[114], so ist der Verwalter gem. § 21 Abs. 1 an den Mietvertrag gebunden und kann ihn nur so

[114] „Überlassen" bedeutet die Verschaffung der tatsächlichen Gebrauchsmöglichkeit, setzt jedoch Übergang des Besitzes nicht unbedingt voraus, vgl. RG Gruch 61, 928.

kündigen, wie dies der Gemeinschuldner könnte, wäre kein Konkurs anhängig. Diese Regelung entspricht gerade angesichts der heutigen Verhältnisse auf dem Wohnungsmarkt der Billigkeit; eine Anwendung von § 17 würde zu dem meist untragbaren Ergebnis führen, daß der Verwalter den Mietvertrag mit sofortiger Wirkung auflösen könnte! Veräußert der Verwalter jedoch ein vom Gemeinschuldner vermietetes oder verpachtetes Grundstück, so steht dem Erwerber nach § 21 Abs. 4 das einmalige vorzeitige Kündigungsrecht aus § 57 a ZVG zu, das allerdings durch §§ 57 c, 57 d ZVG wieder weitgehend eingeschränkt wird.

Von besonderer praktischer Bedeutung ist § 21 Abs. 2: Bei der Vermietung oder Verpachtung von Immobilien sind Vorausverfügungen des Gemeinschuldners über die Miet- oder Pachtzinsen der Masse gegenüber nur insoweit wirksam, als sie sich auf den bei Eröffnung laufenden Monat — und wenn die Eröffnung nach den 15. des Monats erfolgt, auf den laufenden und den folgenden Monat — beziehen[115]. Das heißt, daß nach Ablauf der genannten Frist der Verwalter ungeachtet einer vom Gemeinschuldner bereits vorgenommenen Einziehung oder einer von ihm gewährten Stundung, einer Verpfändung oder Abtretung befugt ist, die Miet- oder Pachtzinsen beim Mieter (Pächter) für die Masse (erneut) einzuziehen. Obwohl Maßnahmen der Zwangsvollstreckung gegen den Gemeinschuldner (anders wie etwa in § 135 BGB) nicht ausdrücklich den Verfügungen des Gemeinschuldners gleichgestellt sind, wendet die h. M. auch auf sie § 21 Abs. 2 an[116].

Die Vorschrift ist dann nicht anwendbar, wenn auf Grund einer Vereinbarung der Mietvertragsparteien eine sog. Mietvorauszahlung geleistet wurde, die zum Bau verwendet und durch Abwohnung getilgt werden soll. Voraussetzung ist, daß die Vorauszahlung — wenn auch nur mittelbar — zum Aufbau oder Ausbau des Gebäudes verwendet worden ist und sich zu

[115] Beachte die Änderung der im ursprünglichen Gesetzestext genannten Fristen durch § 12 der VO über Maßnahmen auf dem Gebiete der Zwangsvollstreckung vom 26. 5. 33 (RGBl. I S. 302).

[116] *J—L*, § 21 Anm. 11 m. w. Nachw.

Gunsten der Gläubiger und späteren Eigentümer wertsteigernd ausgewirkt hat[117].

War der Mietgegenstand dem Mieter noch nicht überlassen, so verbleibt es bei der allgemeinen Regel des § 17.

Der Gemeinschuldner ist *Mieter:*

War ihm zur Zeit der Konkurseröffnung der Mietgegenstand noch nicht überlassen, gewährt § 20 Abs. 1 dem Vermieter ein einseitiges Rücktrittsrecht. Andernfalls wäre der Vermieter genötigt, dem Gemeinschuldner die Mietsache zu überlassen, obwohl dessen Zahlungsunfähigkeit feststeht.

War dem Gemeinschuldner der Mietgegenstand bereits überlassen, so können sowohl Verwalter als auch Vermieter mit gesetzlicher Frist das Mietverhältnis kündigen, ist vertraglich eine kürzere Frist vereinbart, so gilt diese. § 19. Sind neben dem Gemeinschuldner noch weitere Personen als Mieter beteiligt (Ehegatte!), so kann nach h. M. zwar der Verwalter den Vertrag in seiner Gesamtheit kündigen[118], nicht jedoch kann der Vermieter, wenn einer der Mieter in Konkurs fällt, das Gesamtvertragsverhältnis gem. § 19 aufkündigen[119].

Gem. § 19 S. 3 kann der Vermieter im Falle einer Kündigung durch den Verwalter Schadensersatz verlangen, der gem. § 26 S. 2 als gewöhnliche Konkursforderung geltend zu machen ist.

8.6.3. Der Auftrag und der Geschäftsbesorgungsvertrag im Konkurs

Aufträge und Geschäftsbesorgungsverträge erlöschen im Konkurs des Auftraggebers bzw. Geschäftsherrn, sofern sie sich auf die Masse beziehen. § 23 Abs. 1 und 2. Die §§ 672 S. 2 und 674 BGB sind gem. § 23 Abs. 1 S. 2 entsprechend anwendbar. Für die dem anderen Teil in einem solchen Fall entstehenden Ersatzansprüche trifft § 27 eine besondere, der unterschiedlichen Interessenlage entsprechende Regelung.

[117] BGHZ 6, 202; 15, 296. Die Abgrenzung zum sog. „Mieterdarlehen" ist im Einzelfall oft schwierig, vgl. ausf. *Pergande* BB 55, 211 und *Schuster* MDR 60, 181.

[118] RGZ 141, 392; *J—L,* § 19 Anm. 7 a.

[119] BGHZ 26, 102; LG Hannover MDR 65, 388; *Kuhn* WM 59, 100.

Mit dem Erlöschen des Auftrages bzw. Geschäftsbesorgungsvertrages erlischt auch die zu deren Durchführung — selbst unwiderruflich — erteilte Vollmacht[120]. Wird das Fortbestehen des Auftrages oder Geschäftsbesorgungsvertrages nach Maßgabe der §§ 672, 674 BGB fingiert, so gilt auch — zu Gunsten des Vertreters — die Vollmacht als fortbestehend; die Rechtshandlungen des Vertreters können jedoch die Masse nicht binden, weil er nicht mehr Rechtsmacht haben kann als der von ihm Vertretene.

9. Der Einfluß des Konkurses auf Prozesse und Einzelzwangsvollstreckungsverfahren

9.1. Die Unterbrechung der Prozesse

Durch die Eröffnung des Konkursverfahrens verliert der Gemeinschuldner die Befugnis, über sein zur Masse gehörendes Vermögen zu verfügen. § 6. Er kann deshalb auch Prozesse, die über einen die Masse betreffenden Gegenstand anhängig sind (sog. Masseprozesse), nicht mehr fortführen; solche Prozesse werden kraft Gesetzes unterbrochen. § 240 ZPO. Die Folgen der Unterbrechung ergeben sich aus § 249 ZPO.

Der Konkurs eines Streitgenossen unterbricht — selbst bei notwendiger Streitgenossenschaft — den Rechtsstreit hinsichtlich der übrigen Streitgenossen nicht[121].

„Verfahren" i. S. des § 240 ZPO sind auch das Mahnverfahren[122], das Kostenfestsetzungsverfahren[123] und die Verfahren bei Arrest und einstweiliger Verfügung[124]. § 240 ZPO ist ferner anwendbar im Verwaltungsstreitverfahren[125] und im steuerrechtlichen Streitverfahren[126].

[120] Dies gilt nach h. M. auch für die Prozeßvollmacht BGH NJW 64, 47.
[121] *J—L*, § 10 Anm. 25; *Henckel* ZZP 62, 359; *Jauernig* JZ 65, 694.
[122] *Stein-Jonas-Schönke-Pohle*, § 692 Anm. IV; vgl. dazu auch *M—K*, Vorbem. 4 vor § 10.
[123] RG JW 1892, 204; 1900, 124.
[124] OLG Dresden SeuffArch. 64, 228.
[125] OVG Hamburg MDR 53, 442.
[126] BFH BB 70, 1163.

9.2. Die Aufnahme unterbrochener Verfahren

Die Unterbrechung dauert an, bis das Konkursverfahren aufgehoben (§§ 116, 163, 190) oder eingestellt (§§ 202, 204) oder bis der Rechtsstreit, soweit möglich, aufgenommen wird.

Die Möglichkeit und Voraussetzungen einer Aufnahme sind unterschiedlich, je nachdem, ob es sich um Aktiv- oder Passivprozesse handelt:

Aktivprozesse können vom Verwalter aufgenommen und fortgeführt werden (§ 10 Abs. 1 S. 1); verzögert er die Aufnahme, so kann der Prozeßgegner gem. § 239 Abs. 2 ZPO den Verwalter zur Aufnahme des Rechtsstreits und zur Verhandlung der Hauptsache laden lassen, es ist dann weiter nach § 239 Abs. 3 und 4 ZPO zu verfahren. § 10 Abs. 1 S. 2.

Lehnt der Verwalter die Aufnahme ab, so kann sowohl der Gegner als auch der Gemeinschuldner selbst den Prozeß fortführen. § 10 Abs. 2. In letzterem ist ein Widerspruch zu § 6 deshalb nicht zu erblicken, weil die Ablehnung des Verwalters gleichzeitig als Freigabe des streitbefangenen Gegenstandes aus der Masse angesehen wird[127], er gehört dann zum konkursfreien Vermögen des Gemeinschuldners, über das dieser ungehindert verfügen kann.

Bei *Passivprozessen* ist die Rechtslage je nach der Rechtsnatur des gegen den Gemeinschuldner geltend gemachten Anspruches unterschiedlich:

Hat der Rechtsstreit ein Aussonderungsrecht, ein Recht auf abgesonderte Befriedigung oder eine Masseverbindlichkeit zum Gegenstand, so kann er sowohl vom Verwalter als auch vom Kläger aufgenommen werden. § 11 Abs. 1.

Macht der Kläger jedoch eine Konkursforderung geltend, so muß er diesen Anspruch zunächst „nach Maßgabe der Vor-

[127] RGZ 127, 200; zu Ausnahmefällen s. BGH KTS 69, 97. Von der Freigabe ist zu unterscheiden die Überlassung der Prozeßführung an den Gemeinschuldner als gewillkürter Prozeßstandschafter mit der Verpflichtung, den erstrittenen Gegenstand an die Masse abzuliefern; vgl. dazu BGHZ 35, 180. Die Entscheidung hat — wohl zu Recht — lebhafte Kritik erfahren, vgl. *Bötticher* JZ 63, 582 und die Hinw. bei *B—St,* § 6 Anm. 9. Wegen der Frage, ob bei Freigabe eines Gegenstandes während des schwebenden Prozesses § 265 ZPO anwendbar ist, vgl. BGHZ 46, 249 und *Kuhn* WM 69, 229.

schriften für das Konkursverfahren verfolgen" (§ 12), d. h. er kann seine Klage grundsätzlich nicht fortführen, sondern muß seine Forderung anmelden. Erst wenn der Anspruch im Konkurs nicht durchgesetzt werden kann, d. h. wenn er im Prüfungstermin bestritten wurde, kann das Prozeßverfahren fortgesetzt werden (§ 146 Abs. 1 und 3)[128].

Umstritten ist, ob ein Gläubiger durch Verzicht auf seine Konkursteilnahme auch während des anhängigen Verfahrens eine Konkursforderung klageweise geltend machen kann. Die h. M.[129] bejaht dies zwar, verweigert dem Kläger jedoch während des Laufs des Konkursverfahrens die Realisierung seines Titels (§ 14!) und befreit ihn auch nicht von den Folgen eines evtl. Zwangsvergleichs, gibt ihm also in praxi doch wohl nur Steine statt Brot.

9.3. Die Folgen der Aufnahme

Durch die Aufnahme eines unterbrochenen Rechtsstreits wird nach der (der Gerichtspraxis ausnahmslos zugrundeliegenden) Amtstheorie[130] ein gesetzlicher Parteiwechsel bewirkt, weil der Konkursverwalter Rechtsnachfolger des Gemeinschuldners wird[131]. Nach der Vertretertheorie bleibt der Gemeinschuldner Partei und wird lediglich durch den Verwalter gesetzlich vertreten.

Zur Form der Aufnahme vgl. § 250 ZPO.

Nimmt der Verwalter einen Prozeß auf und obsiegt er, so treffen die Prozeßkosten den Gegner. § 91 ZPO. Unterliegt der Verwalter im Aktivprozeß, so sind die Kosten Masseschuld. § 59 Nr. 1. Lehnt der Verwalter die Aufnahme ab und der Gemeinschuldner führt den Prozeß selbst weiter, so treffen ihn bei seinem Unterliegen die Kosten als Neuschulden, das gilt auch für die bereits vor Konkurseröffnung entstandenen Kosten[132]. Unterliegt der Verwalter in einem Passivprozeß, so

[128] Vgl. dazu unten Abschn. 13.2.
[129] BGHZ 25, 395; *M—K*, § 12 Anm. 4; *B—St*, § 12 Anm. 2; a. A. *J—L*, § 12 Anm. 5 und *Bernhardt* NJW 61, 800.
[130] Vgl. oben Abschn. 4.2.1.
[131] *M—K*, § 6 Anm. 25.
[132] *B—St*, § 11 Anm. 8; *Pick* KuT 27, 19.

sind die Kosten Masseschulden nach § 59 Nr. 1, wenn er den Anspruch nicht sofort anerkannt hat. Hat er jedoch sofort ein Anerkenntnis abgegeben, so sind die Kosten lediglich eine gewöhnliche Konkursforderung, sofern sie nicht ohnehin nach § 93 ZPO dem Kläger aufzuerlegen sind.

9.4. Die Wirksamkeit von Einzelzwangsvollstreckungsmaßnahmen

Die Frage nach der Zulässigkeit von Einzelzwangsvollstrekkungsmaßnahmen während des Konkursverfahrens beantwortet sich im Grundsatz bereits, wenn man vom Konkurszweck ausgeht: Eine gleichmäßige und anteilige Gläubigerbefriedigung wäre nicht mehr gewährleistet, wenn einzelne Gläubiger sich durch einen Sonderzugriff ein besseres Recht verschaffen könnten. § 14 Abs. 1 verbietet deshalb während der Dauer des Verfahrens Arreste und Zwangsvollstreckungen zu Gunsten einzelner Konkursgläubiger sowohl in die Massegegenstände als auch in das sonstige Vermögen des Gemeinschuldners (= konkursfreies Vermögen, Neuerwerb). Die Einbeziehung des konkursfreien Vermögens in das Verbot soll dem Gemeinschuldner die Möglichkeit geben, sich bereits während des Verfahrens eine neue Existenz aufzubauen[133].

§ 14 spricht nur von „Konkursgläubigern“[134], er findet also keine Anwendung auf Massegläubiger, Aus- und Absonderungsberechtigte. Die Zwangsvollstreckung in die Masse durch Gläubiger, deren Forderung im Konkurs nicht geltend gemacht werden kann (§ 63!) ist zwar nicht durch § 14 untersagt (sie sind ja keine Konkursgläubiger!), jedoch durch die auch diesen Fall umfassende allgemeine Vorschrift des § 15. Jedoch können solche Gläubiger, da § 14 auf sie nicht anwendbar ist, und § 15 nur die Masse schützt, in das konkursfreie Vermögen vollstrecken[135].

Wegen Masseschulden kann sowohl in die Masse, als auch in das konkursfreie Vermögen vollstreckt werden, letzteres jedoch

[133] Mot. 51, 52. Dem steht allerdings entgegen, daß die h. M. ein zweites gleichzeitiges Konkursverfahren über den Neuerwerb für zulässig erachtet, vgl. *J—L*, § 1 Anm. 63 und *Kneser* KTS 58, 135.

[134] Zum Begriff vgl. unten Abschn. 11.1.

[135] *M—K*, § 14 Anm. 14.

mit einer bedeutsamen Einschränkung: Der Zugriff auf konkursfreies Vermögen ist nur insoweit zulässig, als die Schuld bereits vor Konkurseröffnung in der Person des Gemeinschuldners — wenn auch bedingt oder betagt — entstanden war, er ist unzulässig, wenn die Masseschuld erst im Verfahren durch den Verwalter begründet worden ist[136].

Es ergeben sich also folgende Möglichkeiten:

Vollstreckungs-gläubiger:	**Gegenstand des Zugriffs:** *Masse*	*konk.freies Vermögen*
Konkursgläubiger	= unzulässig (§ 14)	= unzulässig (§ 14)
Aus- und Absonderungsberechtigte	= zulässig (arg. § 14)	= entfällt begrifflich
Massegläubiger	= zulässig (§ 57)	= zulässig, sofern Fdg. vor Konkurseröffnung entstanden (arg. §§ 14, 15)
Gläubiger n. § 63	= unzulässig (§ 15)	= zulässig (arg. §§ 14, 15)

9.5. Die Rechtsbehelfe gegen unzulässige Vollstreckungsmaßnahmen

Die unzulässig vorgenommene Zwangsvollstreckungsmaßnahme läßt zwar kein wirksames Pfandrecht entstehen, führt jedoch die Pfandverstrickung herbei[137].

Die Unzulässigkeit wird geltend gemacht bei der Vollstreckung in Massegegenstände durch den Verwalter, bei der Vollstreckung in konkursfreies Vermögen durch den Gemeinschuldner. Zulässiger Rechtsbehelf ist die Erinnerung nach § 766 ZPO,

[136] *J—L*, § 57 Anm. 4; M—K, § 57 Anm. 10.
[137] *M—K*, § 14 Anm. 17.

die beim Vollstreckungsgericht einzulegen ist[138]; die Vollstreckungsmaßnahme ist dann gem. §§ 775 Nr. 1, 776 ZPO aufzuheben. Ist eine Eintragung im Grundbuch vorgenommen worden, so kann die Eintragung eines Amtswiderspruchs verlangt werden. §§ 53, 71 Abs. 2 S. 2 GBO.

Da die Pfandverstrickung trotz der Unzulässigkeit der Vollstreckungsmaßnahme eintritt, ist eine Zwangsverwertung des Pfandgegenstandes rechtmäßig[139], der Ersteher (Erwerber) wird Eigentümer des Pfandgegenstandes.

10. Die Aufrechnung im Konkurs

Neben der Durchführung von Zwangsvollstreckungsmaßnahmen hat ein Gläubiger — sofern der Gemeinschuldner auch einen Anspruch gegen ihn hat — noch die Möglichkeit, sich mittels Aufrechnung zu befriedigen.

Beispiel 12:

A schuldet B die Rückzahlung eines Darlehens von 10 000,— DM. B hat bei A Waren im Werte von 20 000,— DM gekauft und noch nicht bezahlt. A fällt in Konkurs.

Daraus ergäbe sich — läßt man die Aufrechnungsmöglichkeit unberücksichtigt — folgende Situation:

B müßte 20 000,— DM zur Masse zahlen, er bekäme von den ihm zustehenden 10 000,— DM nur die Quote, bei angenommenen 20 % also 2000,— DM. Sein (momentaner) Verlust betrüge dann 8000,— DM.

Wenn B aufrechnen kann, muß er nur 10 000,— DM zur Masse bezahlen, er hat dann keinen Verlust. Die Aufrechnung ist also im Konkurs für den Gläubiger besonders interessant,

[138] Wegen des Verhältnisses dieses Rechtsbehelfs zu § 11 RpflG bei Vollstreckungsmaßnahmen des Rechtspflegers s. *Eickmann-Riedel*, § 11 Anm. 20 a und *Kümmerlein* Rpfleger 71, 11; *Meyer-Stolte* Rpfleger 72, 193/196.

[139] *Th—P*, § 817 Anm. 4 b; *J—L*, § 14 Anm. 22; OLG Celle KTS 62, 112.

sie stellt ihn wesentlich günstiger, weil sie ihm eine Art „Sonderbefriedigung“, ähnlich wie bei der Absonderung, ermöglicht.

Die Aufrechnung im Konkurs unterliegt grundsätzlich den Regeln der §§ 387 ff. BGB, jedoch sind die Erfordernisse der Gleichartigkeit und der Fälligkeit durch § 54 abgeschwächt:

— Der Gläubiger kann eine fällige Forderung gegen eine betagte Forderung des Gemeinschuldners aufrechnen.

— Der Gläubiger kann eine betagte Forderung gegen eine fällige Forderung des Gemeinschuldners aufrechnen. Die Gläubigerforderung wird dann nach § 65 berechnet. § 54 Abs. 2.

— Der Gläubiger kann eine betagte Forderung gegen eine betagte Forderung des Gemeinschuldners aufrechnen.

— Der Gläubiger kann mit einer fälligen Forderung gegen eine aufschiebend bedingte Forderung des Gemeinschuldners aufrechnen[140].

— Der Gläubiger kann mit einem Anspruch, der nicht auf eine Geldleistung gerichtet ist, gegen eine Geldforderung des Gemeinschuldners aufrechnen. § 54 Abs. 4. Die Gläubigerforderung ist in einem solchen Falle gem. §§ 69, 70 zu berechnen.

Zunächst nicht aufrechnen kann ein Gläubiger, dessen Forderung aufschiebend bedingt ist, seine Aufrechnungsmöglichkeit entsteht erst bei Bedingungseintritt[141]. § 54 Abs. 3 gibt diesem Gläubiger, der also zunächst seine Schuld zur Masse einzahlen muß, jedoch ein Recht auf Sicherstellung, d. h. er wird unter dem Vorbehalt der späteren Aufrechnung zahlen und hat dann bei Bedingungseintritt Anspruch darauf, daß ihm der von der nunmehr zulässigen Aufrechnung erfaßte Teil des von ihm Einbezahlten zurückbezahlt wird.

Zur Sicherstellung des Konkurszweckes ist andererseits das Erfordernis der Gegenseitigkeit in § 55 besonders verschärft:

140 Fraglich ist, ob bei Nichteintritt der Bedingung dem Gläubiger ein Bereicherungsanspruch zusteht (§ 814 BGB!), bejahend *J—L*, § 54 Anm. 11 und *M—K*, § 54 Anm. 7.

141 h. M., vgl. RGZ 68, 342 und *M—K*, § 54 Anm. 4.

Eine Aufrechnung ist danach *unzulässig*

— wenn die Forderung des Gemeinschuldners erst nach Konkurseröffnung entstanden ist[142], § 55 Nr. 1,
— wenn der aufrechnende Gläubiger die Forderung mit der er aufrechnen will, erst nach Konkurseröffnung erworben hat, § 55 Nr. 2,
— wenn der aufrechnende Gläubiger dem Gemeinschuldner vor Konkurseröffnung etwas schuldig war und in Kenntnis der Konkursantragstellung oder Zahlungseinstellung eine Forderung gegen den Gemeinschuldner erworben hat, § 55 Nr. 3.

Zu beachten ist, daß die Unwirksamkeitsfolge nach Nr. 3 nicht mehr eintritt, wenn der Forderungserwerb früher als sechs Monate vor der Verfahrenseröffnung geschah und als Unwirksamkeitsgrund eine Kenntnis der Zahlungseinstellung in Frage kommt. § 55 Nr. 3 S. 2, § 33.

Eine ausnahmsweise Zulässigkeit der Aufrechnung ergibt sich auch aus § 55 Nr. 3 S. 3; diese Regelung hat jedoch kaum praktische Bedeutung erlangt.

Die Aufrechnungsverbote sind zwingend; entgegenstehende Vereinbarungen vor oder nach Konkurseröffnung sind unwirksam.

Die Aufrechnungsverbote gelten jedoch nicht für Massegläubiger[143]. § 55 will im Interesse des Masseschutzes die Aufrechnung mit Forderungen untersagen, für die entweder — weil erst nach der Eröffnung entstanden — die Masse gar nicht haftet (§ 3!), oder die in einer zu mißbilligenden Absicht (z. B. zum unterstellten Zweck der Masseausplünderung) erworben worden sind. Dieser Zweck der gesetzlichen Regelung liegt bei Masseschulden nicht vor, weil sie ja gem. § 57 ohnehin aus der Masse zu begleichen sind, eine Masseverkürzung durch die Aufrechnung also nicht eintreten kann.

[142] Dem steht gleich, wenn die Forderung zwar vor Eröffnung entstanden ist, der Aufrechnende aber erst durch eine Schuldübernahme nach Eröffnung zum Schuldner wurde, BGH KTS 57, 116.

[143] BGHZ 30, 248; *J—L*, § 55 Anm. 4; *M—K*, § 55 Anm. 6.

11. Die Anmeldung der Konkursforderungen

11.1. Der Begriff der Konkursforderung

Die Konkursmasse dient zur gemeinschaftlichen Befriedigung der *Konkursgläubiger*. Das sind alle Gläubiger, die einen zur Zeit der Verfahrenseröffnung begründeten Vermögensanspruch gegen den Gemeinschuldner haben. § 3 Abs. 1.

Keine Konkursforderungen sind also insbesondere

— alle nach Konkurseröffnung entstandenen Ansprüche, es sei denn, der Rechtsgrund ihrer Entstehung sei bereits vor Eröffnung gelegt worden[144],

— höchstpersönliche und familienrechtliche Ansprüche (aus ihnen können sich jedoch Ansprüche vermögensrechtlicher Art ergeben, die Konkursforderungen sind, vgl. wegen der Unterhaltsansprüche § 3 Abs. 2!),

— Gestaltungsrechte

— Ansprüche auf unvertretbare Handlungen (§ 888 ZPO),

— Unterlassungsansprüche (auch aus einem Zuwiderhandeln des Gemeinschuldners während des Konkurses kann keine Konkursforderung entstehen!),

— unvollkommene Verbindlichkeiten, Naturalobligationen.

Bestimmte Arten von Forderungen können im Konkurs nicht geltend gemacht werden. § 63.

11.2. Die Anmeldung

Wer seine Forderung nicht in die Masse oder den Neuerwerb vollstrecken darf und sich auch sonst keine bevorzugte Befriedigung verschaffen kann, muß die Forderung beim Konkursgericht *anmelden*, die Anmeldefrist (§ 138) wird im Eröffnungsbeschluß bestimmt, sie ist jedoch keine Ausschlußfrist, ihre Versäumung hat allenfalls Kostennachteile zur Folge (vgl. § 142 Abs. 1 und 3).

Eine wirksame Anmeldung muß enthalten den Forderungsgrund, den Forderungsbetrag sowie ein evtl. beanspruchtes Vorrecht. § 139.

[144] Vgl. dazu eine Vielzahl von Beispielen bei *B—St*, § 3 Anm. 4.

Forderungsgrund sind die tatsächlichen Umstände, aus denen sich die Forderung ergibt; rechtliche Ausführungen sind unnötig. Falls erforderlich, sind auch zur Frage der Gläubigerstellung des Anmeldenden Ausführungen zu machen.

Der Forderungsbetrag ist konkret in inländischer Währung anzugeben und nach Hauptsache, Zinsen und Kosten aufzuschlüsseln.

Die Anmeldung geschieht schriftlich oder zu Protokoll der Geschäftsstelle; Vertreter haben eine besondere, auf die Vertretung im Konkursverfahren gerichtete Vollmacht vorzulegen, die allgemeine Prozeßvollmacht genügt nicht.

Der Anmeldung sollen etwaige urkundliche Beweisstücke (Schuldschein, Wechsel, Rechnungsabschrift etc.) beigefügt werden (§ 139 S. 3), ihr Fehlen macht die Anmeldung jedoch nicht unwirksam.

Die Anmeldungen sind auf der Geschäftsstelle des Konkursgerichts für die Beteiligten zur Einsicht niederzulegen. § 140 Abs. 1[145].

11.3. Die Rangordnung des § 61

Wie bereits früher ausgeführt[146], gilt der Grundsatz der gleichmäßigen Gläubigerbefriedigung („Grundsatz der Verlustgemeinschaft") nicht uneingeschränkt. Er wird durchbrochen durch

— das Recht auf abgesonderte Befriedigung

— die bevorzugte Befriedigung von Masseschulden und Massekosten

— und durch das Aufrechnungsrecht.

Auch die davon nicht betroffenen Forderungen werden noch nicht gleichmäßig befriedigt, sondern es gibt auch unter ihnen, wie § 61 zu entnehmen ist, gewisse bevorrechtigte Gruppen. Die

[145] Durch die Anmeldung wird nach § 209 Abs. 1, Abs. 2 Nr. 2 BGB die Verjährung unterbrochen. Zwar bewirkt die Anmeldung keine Rechtshängigkeit des Anspruchs, jedoch treten nach h. M. einige der Rechtshängigkeitsfolgen durch sie ein: so Vererblichkeit, Abtretbarkeit und Pfändbarkeit des Schmerzengeldsanspruchs (*J—W*, § 139 Anm. 13) Pfändbarkeit des Pflichtteilsanspruches.

[146] S. oben Abschn. 7.

Reihenfolge des § 61 ist eine Rangfolge, innerhalb jeder Klasse (Vorrechte der Nummern 1 mit 5, gewöhnliche Forderungen nach Nr. 6) gilt gleicher Rang; soweit eine Klasse nicht voll befriedigt werden kann, findet eine anteilige Befriedigung statt.

Zu den einzelnen Vorrechten sei kurz bemerkt:

§ 61 Nr. 1 betrifft Lohn- und Dienstbezüge (nach neuerer Rechtsprechung auch betriebliche Versorgungsleistungen[147]) aus dem letzten Jahr vor Eröffnung. Als Rechtsgrund kann ein Arbeitsverhältnis, ein faktisches Arbeitsverhältnis oder ein anderes, arbeitnehmerähnliches Arbeitsverhältnis zugrunde liegen[148]; wesentlich ist nur, daß stets ein persönliches und rechtliches Abhängigkeitsverhältnis zum Gemeinschuldner bestehen muß[149].

§ 61 Nr. 2 betrifft das Vorrecht öffentlicher Abgabeforderungen. Entscheidend für die Einordnung einer öffentlich-rechtlichen Forderung in Nr. 2 ist, daß eine genaue Bezeichnung der Leistung zu bestimmten Vorteilen des Leistenden nicht besteht[150]. Deshalb fallen nicht unter dieses Vorrecht reine leistungsbezogene Entgelte, wie Anliegerbeträge, Kanalisationsgebühren, Fernsprech- und Rundfunkgebühren. Bevorrechtigt sind jedoch alle Verbrauchssteuern, die Schornsteinfegergebühren, sowie die Lohn- und Einkommenssteuerforderungen.

§ 61 Nr. 3 regelt das Vorrecht gewisser Verbände, Anstalten und Körperschaften des öffentlichen Rechts wegen der diesen Institutionen zustehenden, auf öffentlichem Recht beruhenden Forderungen.

§ 61 Nr. 4 enthält ein Vorrecht für die Forderungen der darin genannten Angehörigen der Heilberufe und verwandter Berufszweige. Nicht entscheidend ist, ob die entsprechenden Leistungen gegenüber dem Gemeinschuldner selbst erbracht worden sind, es genügt, daß der Gemeinschuldner kraft Gesetzes (Unterhaltspflicht!) oder Vertrages für die entstandenen Forderungen haftet.

[147] BAG NJW 70, 964.
[148] BAG MDR 67, 953.
[149] BGH NJW 55, 1147. Zum Umfang des Vorrechts, auch, soweit es den Sozialversicherungsträgern für auf sie übergegangene Ansprüche zusteht, vgl. *Stoldt* KTS 67, 193.
[150] BGHZ 10, 312.

§ 61 Nr. 5 besteht für alle Ansprüche der in der Vorschrift genannten Personen, die aus Anlaß der Vermögensverwaltung durch den Gemeinschuldner gegen ihn entstanden sind, unter Einschluß derjenigen Forderungen, welche das (zu verwaltende) Vermögen bilden. Sind seit dem Zeitpunkt, in dem die Vermögensverwaltung endete, zwei Jahre vergangen, so besteht das Vorrecht nur, wenn der Anspruch gerichtlich geltend gemacht (vgl. § 209 BGB!) und weiter verfolgt worden ist.

Im Konkurs eines Versicherungsunternehmens ist § 61 durch § 80 VAG eine weitere Klasse bevorrechtigter Forderungen angefügt; danach sind bevorrechtigt die Forderung auf Ersatzleistung für einen bereits vor Konkurseröffnung eingetretenen Schaden und die Forderung auf Rückgewähr unverbrauchter Prämien.

Weitere Konkursvorrechte ergeben sich aus § 32 DepG, §§ 35, 41 HypBankG und nach §§ 77 Abs. 3, 79 VAG.

11.4. Die Konkurstabelle

Die angemeldeten Forderungen werden in der sich aus § 61 ergebenden Rangfolge durch den Urkundsbeamten der Geschäftsstelle in die Konkurstabelle eingetragen. § 140 Abs. 2. Die Tabelle wird nach Muster 17 AktO in zwei Abteilungen geführt; in Abt. I werden die bevorrechtigten Forderungen (§ 61 Nr. 1—5), in Abt. II die übrigen („gewöhnlichen“) Konkursforderungen (§ 61 Nr. 6) eingetragen.

Es gelten dabei noch folgende Bestimmungen:

An der gleichen Stelle wie die Kapitalforderung werden die vor Verfahrenseröffnung angefallenen Kosten, die bis zu diesem Zeitpunkt laufenden Zinsen[151] und evtl. Vertragsstrafen angesetzt. § 62.

Betagte Forderungen werden wie fällige behandelt (§ 65 Abs. 1); sind sie unverzinslich, so ist der sog. Zwischenzins abzuziehen. § 65 Abs. 2.

Auflösend bedingte Forderungen werden wie unbedingte behandelt (§ 66), tritt die Bedingung ein, so hat der Verwalter die

[151] Die nach Eröffnung anlaufenden Zinsen sind gem. § 63 Nr. 1 von der Konkursteilnahme ausgeschlossen!

Forderung entweder im Prüfungstermin zu bestreiten, oder — wenn die Forderung bereits festgestellt ist — den Forderungswegfall durch Klage nach § 767 ZPO geltend zu machen.

Aufschiebend bedingte Forderungen berechtigen nur zu einer Sicherung (§ 67), d. h. nach Maßgabe der §§ 154, 156, 168 Nr. 2, 169 sind die auf solche Forderungen entfallenden Beträge zu hinterlegen, bis Eintritt oder Nichteintritt der Bedingung feststeht.

Forderungen, die nicht auf einen Geldbetrag gerichtet sind, werden, um dem Gläubiger die Konkursteilnahme zu ermöglichen, mit ihrem Schätzwert in Geld berücksichtigt (§ 69), wiederkehrende Leistungen werden kapitalisiert (§ 70).

11.5. Die Behandlung der absonderungsberechtigten Gläubiger

Die Forderungen absonderungsberechtigter Gläubiger können zur Tabelle dann angemeldet werden, wenn der Gemeinschuldner nicht nur dinglich haftet, sondern dem Gläubiger auch der persönliche (schuldrechtliche) Anspruch gegen den Gemeinschuldner zusteht. § 64. Die Forderung wird dann in die Tabelle aufgenommen und der Gläubiger nimmt mit ihr am Verfahren teil. Befriedigung aus dieser Forderung kann er jedoch nur insoweit erlangen, als er bei der abgesonderten Befriedigung nicht voll zum Zuge kommt (ausfällt) oder auf abgesonderte Befriedigung verzichtet. Ein solcher Verzicht besteht in der endgültigen Aufgabe des den Absonderungsanspruch begründenden Rechts in der dafür materiellrechtlich vorgeschriebenen Form.

11.6. Der Grundsatz der Doppelberücksichtigung

Haften mehrere nebeneinander (sei es persönlich, sei es dinglich) für ein- und dieselbe Leistung, so kann der Gläubiger, wenn einer seiner Schuldner in Konkurs geraten ist, in diesem Konkurs den ganzen Betrag seiner Forderung solange anmelden, als Leistungen der Mithaftenden nicht zur vollen Befriedigung geführt haben. § 68. (sog. „Grundsatz der Doppelberücksichtigung"). Erst wenn der Betrag der Konkursdividende zusammen mit den Leistungen der Mitverpflichteten den Gesamtbetrag der Forderung übersteigt, wird die Dividende entsprechend gekürzt.

12. Die Termine

12.1. Der Wahltermin

Im Eröffnungsbeschluß ist u. a. auch der Termin zur ersten Gläubigerversammlung (der sog. „Wahltermin") zu bestimmen.

Sie hat zwei Aufgaben:

Beschlußfassung darüber, ob anstelle des vom Gericht im Eröffnungsbeschluß bestimmten ein anderer Verwalter gewählt werden soll (§ 80),

Beschlußfassung darüber, ob ein Gläubigerausschuß zu wählen ist (§ 87 Abs. 2).

Wählt die Gläubigerversammlung eine andere Person zum Verwalter, so beginnt deren Verwaltereigenschaft erst mit der Ernennung durch das Gericht. Für diese Ernennung ist nunmehr der Rechtspfleger zuständig (die erste Ernennung im Eröffnungsbeschluß ist ja dem Richter vorbehalten, s. oben Nr. 4.3); die Ernennung kann jedoch versagt werden (§ 80 S. 2), wenn Bedenken gegen die Fähigkeit, Zuverlässigkeit oder Objektivität des Gewählten bestehen. Der ablehnende Beschluß kann vom Gemeinschuldner und jedem Gläubiger, der nicht für die Ablehnung gestimmt hat, mit der befristeten Erinnerung angefochten werden (§ 73 Abs. 3, § 11 Abs. 1 S. 2 RpflG).

Die Gläubigerversammlung hat die Möglichkeit, einen Gläubigerausschuß einzusetzen, der die Aufgabe hat, die Amtsführung, insbesondere die Kassenführung des Konkursverwalters zu überwachen und ihn bei seiner Tätigkeit zu unterstützen (§ 88); er ist ein gesetzliches Hilfsorgan des Verwalters. Die Bestellung eines solchen Ausschusses ist eine Zweckmäßigkeitsfrage, bei kleineren Verfahren ist er in der Regel entbehrlich (vorgeschrieben ist die Bestellung eines Gläubigerausschusses für den Genossenschaftskonkurs in § 103 GenG).

Entschieden wird über die Frage, ob ein Ausschuß zu bestellen ist mit absoluter Mehrheit der erschienenen oder vertretenen Gläubiger (§§ 94 Abs. 2, 3, 97), über die Besetzung des Ausschusses mit einfacher Mehrheit (§ 94 Abs. 2 S .2).

12.2. *Der Prüfungstermin*

Bereits einleitend wurde festgehalten, daß der Konkurs deshalb kein reines Vollstreckungsverfahren ist, weil in ihm Gläubigerforderungen nicht nur durchgesetzt, sondern auch festgestellt (tituliert) werden.

Dies geschieht im Prüfungstermin, in dem jede angemeldete Forderung mit den Beteiligten erörtert wird (§ 141 Abs. 1), damit feststeht, ob sie anerkannt wird oder ob einer der Beteiligten sie bestreitet.

12.2.1. *Die gerichtliche Vorprüfung der Anmeldungen*

Der Prüfung der Forderungen im Termin geht eine gerichtliche Vorprüfung der Anmeldungen voraus. Ihr Zweck ist nicht etwa auf eine Prüfung der Begründetheit der Anmeldungen gerichtet, sondern lediglich darauf, ob die Anmeldungen zulässig, d. h. formgerecht sind[152].

Daneben hat sich die Vorprüfung jedoch auch darauf zu erstrecken, ob eine angemeldete Forderung nicht etwa nach § 63 von der Konkursteilnahme generell ausgeschlossen ist; denn die Prüfung oder gar Feststellung einer solchen Forderung im Termin selbst wäre ohne Rechtswirkung, die Zulassung einer solchen Forderung zu den Prüfungsverhandlungen daher sinnlos. Die Zurückweisung geschieht durch förmlichen Beschluß (nachdem dem Gläubiger die Möglichkeit der Mängelbehebung gegeben worden ist!); die Zulassung bedarf keiner förmlichen Entscheidung, sie geschieht dadurch, daß das Gericht eine Forderung im Prüfungstermin zur Erörterung der Beteiligten stellt.

12.2.2. *Die Prüfungsverhandlungen*

Das Prüfungsverfahren dient der Feststellung, welche der angemeldeten Forderungen Anspruch darauf haben, bei der Verteilung der Masse berücksichtigt zu werden. Das einzuschlagende Verfahren ist in den §§ 141—145 geregelt:

Jede Tabelleneintragung wird unter Zugrundelegung der vorliegenden Anmeldungen einzeln vom Rechtspfleger aufgerufen, von ihm oder vom Urkundsbeamten vorgetragen und

[152] Dazu ausf. *Eickmann* Rpfleger 70, 318/319.

den Beteiligten (Verwalter, Gläubiger, Gemeinschuldner) Gelegenheit zur Äußerung gegeben.

Das endgültige Ergebnis der Verhandlungen ist in der Tabelle zu beurkunden (§ 145 Abs. 1)[153]. Das Gesetz kennt zwei Möglichkeiten:

— eine Forderung wird entweder anerkannt (im Sprachgebrauch der KO: „festgestellt"), wozu es genügt, daß weder Verwalter noch andere Gläubiger ihr widersprechen, oder

— die Forderung wird bestritten, wobei ein Bestreiten allein durch den Gemeinschuldner die Feststellung nicht zu hindern vermag. § 144 Abs. 1.

Die Feststellung einer Forderung in Höhe des Ausfalles (§ 64) oder als sicherungsberechtigt (§ 67) ist ausdrücklich zu vermerken.

13. Die Bedeutung der Ergebnisse des Prüfungsverfahrens

13.1. Die Feststellungswirkung

Wird die Feststellung einer Forderung in der Tabelle beurkundet, so wirkt dies gegenüber dem Verwalter, allen anderen Gläubigern und dem Gemeinschuldner (sofern er nicht widersprochen hatte, vgl. unten Abschn. 17.2) wie ein rechtskräftiges Urteil. § 145 Abs. 2. Diese Wirkung bezieht sich nur auf Konkursforderungen (§ 3); sind Masseansprüche oder unanmeldbare Forderungen (§ 63) irrtümlich angemeldet, geprüft und festgestellt worden, so werden sie durch die Feststellung nicht zu Konkursforderungen, insoweit ist die Eintragung bedeutungslos[154].

Irrtümlich vorgenommene Eintragungen (z. B. eine Forderung wird als festgestellt beurkundet, obwohl sie bestritten

[153] Vgl. dazu ausf. *Drischler* in JurBüro 65, 767 und RpflJB 68, 313.

[154] *B—St*, § 145 Anm. 4.

wurde) können in entsprechender Anwendung von § 319 ZPO berichtigt werden[155].

Zuweilen werden Forderungen zwar formell ordnungsgemäß festgestellt, ohne daß jedoch die Forderung zu Recht bestand:

> *Beispiel 13:*
>
> A hat im Konkurs über den Nachlaß des B einen Schuldschein über ein Darlehen von 5000,— DM vorgelegt. Seine angemeldete Forderung ist deshalb im Prüfungstermin nicht bestritten und festgestellt worden. Nach einigen Monaten stellt sich heraus, daß der Schuldschein gefälscht war; A stand nie eine Forderung gegen den Erblasser zu.

Da die Forderung so behandelt wird, als sei sie dem Gläubiger in einem rechtskräftigen Urteil zugesprochen worden, kann die Feststellungswirkung auch nur dann wieder beseitigt werden, wenn bei gleichem Sachverhalt ein rechtskräftiges Urteil noch angegriffen werden könnte. Möglich ist deshalb die Wiederaufnahme (Restitutionsklage) nach §§ 578 ff., 580 Nr. 2, 4, 7 ZPO (hier: § 580 Nr. 2 ZPO).

Ist die dafür vorgeschriebene Frist (§ 586 ZPO) verstrichen, so läßt die Rechtsprechung noch zu, daß die Beteiligten geltend machen, die Feststellung sei arglistig erschlichen worden[156] oder von ihr werde in einer gegen die guten Sitten verstoßenden Weise Gebrauch gemacht[157].

Ist die Forderung zwar zunächst zu Recht festgestellt worden, jedoch nach dem Prüfungstermin erloschen, so ist dieser Einwand mit der Vollstreckungsabwehrklage nach § 767 ZPO geltend zu machen.

Ist eine Steuerforderung festgestellt worden, so steht der Tabelleneintrag einer rechtskräftigen Steuerfestsetzung gleich;

[155] OLG Hamm Rpfleger 65, 78; LG Wuppertal KTS 70, 237.

[156] RGZ 61, 365; 75, 213; 78, 393; 155, 59; BGH LM § 826 BGB Nr. 7.

[157] RGZ 168, 12; BGHZ 13, 72; 26, 396. Auf die mit beachtlichen Gründen im zivilprozessualen Schrifttum vorgebrachten Bedenken gegen diese Beseitigung der Rechtskraft mit Hilfe materiellrechtlicher Überlegungen kann hier nicht näher eingegangen werden. Vgl. dazu *Gaul* JuS 62, 1 und *Jauernig* ZZP 66, 398.

Änderungen und Berichtigungen sind hier unter den Voraussetzungen zulässig, die für die Abänderung oder Berichtigung eines Steuerbescheides gelten[158].

13.2. Die Feststellung bestrittener Forderungen

Bei den bestrittenen Forderungen muß die Klärung, ob der Anspruch zu Recht besteht, grundsätzlich vor dem Prozeßgericht erfolgen. Es ist zunächst zu unterscheiden, ob es sich um eine titulierte[159] oder um eine nichttitulierte Forderung handelt:

Ist eine Forderung tituliert, so muß derjenige, der ihr widersprochen hat, gegen diesen Titel angehen (§ 146 Abs. 1); er kann sich dabei nur der Mittel bedienen, die dem Gemeinschuldner selbst nach dem konkreten Verfahrensstand zustünden, könnte er selbst das Verfahren weiterführen.

> *Klageantrag:*
> „Der im Konkursverfahren über das Vermögen des ... erhobene Widerspruch gegen die Forderung des Klägers wird für begründet erklärt"[160].

Der Widersprechende übernimmt die Parteistellung des Gemeinschuldners, es findet also ein Parteiwechsel statt.

Ist eine Forderung nicht tituliert, so hat deren Gläubiger die Forderung vom Prozeßgericht feststellen zu lassen, er klagt deshalb gegen den (oder die) Bestreitenden. § 146 Abs. 1 und 2. Die Klage kann wegen § 12 nicht auf Leistung gerichtet sein, der Klageantrag geht vielmehr auf Feststellung der Forderung zur Konkurstabelle[161].

> „Der Anspruch des Klägers in Höhe von ... wird zur Konkurstabelle im Konkursverfahren über das Vermögen des ... festgestellt."

Ebenso zulässig (und sprachlich wohl besser) dürfte folgender Antrag sein:

[158] Vgl. dazu *Fichtelmann* NJW 70, 2279.
[159] Ausf. *B—St*, § 146 Anm. 1.
[160] RG Warn. 33, 167, *Weber* in Anm. 2 b zu BAG AP 2 zu § 146 KO. *A. A. M—K*, § 146 Anm. 33, der einen auf die Feststellung des Nichtbestehens der betreffenden Forderung gerichteten Antrag für besser hält.
[161] BGH WM 57, 1334.

„Es wird festgestellt, daß dem Kläger im Konkursverfahren über das Vermögen des ... eine Konkursforderung in Höhe von ... zusteht“.[162]

Die Klage ist echte Feststellungsklage nach § 256 ZPO[163]; sie kann nach h. M. auch im Urkunden-, Wechsel- und Scheckprozeß erhoben werden[164], nicht jedoch im Mahnverfahren, weil in diesem Verfahren nur auf Leistung, nicht jedoch auf Feststellung erkannt werden kann.

Örtlich zuständig ist nach § 146 Abs. 2 ausschließlich das Amtsgericht, bei dem der Konkurs anhängig ist, bzw. das Landgericht, zu dessen Bezirk dieses Amtsgericht gehört. Die sachliche Zuständigkeit ergibt sich aus §§ 23, 71 GVG, wegen der Wertberechnung ist § 148 zu beachten.

Ist für bestimmte Rechtsstreitigkeiten die Zuständigkeit eines besonderen Gerichts oder einer besonderen Behörde gegeben, so verbleibt es bei dieser besonderen Zuständigkeit. § 146 Abs. 5.

Bei mehreren Widersprechenden muß der Gläubiger alle Widersprüche durch entsprechende Feststellungen beseitigen. Zweckmäßig ist es, die Klage gegen sie gemeinsam zu richten (bzw. die Klagen zu verbinden). Die Widersprechenden sind notwendige Streitgenossen (§ 62 ZPO), sofern sie alle der Forderung im Grunde oder zum gleichen Betrag widersprochen haben, sie sind einfache Streitgenossen, wenn einer (oder mehrere) von ihnen nur das Vorrecht bestreitet, die anderen jedoch die Forderung im Grund oder (und) Betrag.

War zur Zeit der Eröffnung des Konkursverfahrens über eine Konkursforderung ein Rechtsstreit anhängig, so ist dieser gem. § 240 StPO unterbrochen worden. Wird nunmehr dieser Anspruch im Prüfungstermin bestritten und bedarf deshalb der Feststellung vor dem Prozeßgericht, so wäre es wenig prozeßökonomisch, deswegen einen neuen Rechtsstreit zu beginnen. Es kann deshalb in diesem Fall der alte Rechtsstreit aufgenommen werden. § 146 Abs. 3. Mit der Aufnahme des Rechtsstreits ist

[162] *P—Gr.*, § 41 I (S. 122) schreiben richtig, die Klage gehe „auf Feststellung des Konkursgläubigerrechts“.

[163] *M—K*, § 146 Anm. 12 m. w. Hinw.

[164] *J—W*, § 146 Anm. 5 und 6; *M—K*, § 146 Anm. 11; *a. A.* OLG Hamm KTS 67, 169.

ein Parteiwechsel verbunden; der Gläubiger muß die Klage nunmehr umstellen, und zwar tritt in die Parteirolle des Gemeinschuldners derjenige ein, der die Forderung bestritten hat. Auch der Klageantrag bedarf der Umstellung, anstelle der Leistungsklage muß der Antrag nunmehr auf Feststellung gerichtet sein. Die Aufnahme ist selbst in der Revisionsinstanz noch zulässig[165]; der notwendigen Änderung des Klageantrages steht § 561 ZPO selbst dann nicht im Wege, wenn § 69 anzuwenden ist.

Zuständig bleibt örtlich und sachlich das Gericht, bei dem der Rechtsstreit anhängig war.

13.3. Die Tabellenberichtigung

Wer in dem Masserechtsstreit obsiegt, hat die Berichtigung der Konkurstabelle herbeizuführen. § 146 Abs. 7. Die Wirkungen der geführten Prozesse ergreifen jedoch die Konkursgläubiger auch ohne diesen Tabelleneintrag mit Rechtskraft des entsprechenden Urteils. § 147. Wird auch nur ein Widerspruch für begründet erklärt, so hat dies Wirkung für alle Konkursgläubiger; wird eine angemeldete Forderung festgestellt, so nimmt der entsprechende Gläubiger nunmehr am Verfahren teil als sei seine Forderung von Anfang an unstreitig gewesen.

14. Die Konkursanfechtung

14.1. Das Wesen der Anfechtung

Rechtshandlungen des Gemeinschuldners, die ganz oder teilweise nach Konkurseröffnung vorgenommen worden sind, äußern keine Rechtswirkungen zu Lasten der Masse, sofern nicht ausnahmsweise ein gutgläubiger Erwerb Dritter in Frage kommt (vgl. oben Abschn. 5.2). Noch häufiger jedoch sind Rechtshandlungen, durch die der Gemeinschuldner kurz *vor* Eröffnung des Verfahrens Vermögensgegenstände weggibt (z. B. Schenkungen an Familienangehörige oder Freunde kurz vor Antragstellung, Befriedigung einzelner ihm „nahestehender“ Gläubiger usw.).

Diese Rechtsgeschäfte sind nach den uns bisher bekannten Vorschriften nicht angreifbar. Trotzdem steht fest, daß auf

[165] BGH LM Nr. 5 zu § 146 KO.

diese Weise die anderen Gläubiger benachteiligt werden und daß es deshalb in der Regel dem allgemeinen Rechtsempfinden widerspräche, hätten solche Geschäfte Bestand.

Die KO gibt dem Verwalter deshalb (ähnlich wie den Gläubigern außerhalb eines Konkursverfahrens das Anfechtungsgesetz), die Möglichkeit, solche Vorgänge anzufechten.

Die Gleichheit der Bezeichnungen darf nicht dazu verleiten, die Anfechtung nach §§ 119 ff. BGB und die Konkursanfechtung miteinander zu verwechseln. Beide unterscheiden sich vielmehr voneinander in ihrem Zweck, ihrer Ausübung und ihrer Wirkung:

Zweck der Anfechtung nach dem BGB ist es, eine nicht ordnungsgemäß zustandegekommene Willenserklärung wieder zu beseitigen (Schutz der Freiheit der Willensbetätigung), die Konkursanfechtung bezweckt die Zurückholung eines unter bestimmten Voraussetzungen weggegebenen Vermögensgegenstandes in die Masse.

Die Anfechtung nach dem BGB wird durch eine Willenserklärung (Anfechtungserklärung) gegenüber dem Anfechtungsgegner geltend gemacht (§ 143 Abs. 1 BGB), die Konkursanfechtung wird stets gerichtlich geltend gemacht, in der Regel durch Klage, Widerklage, Einrede oder Replik.

Auch die Wirkungen der beiden Anfechtungsmöglichkeiten unterscheiden sich — jedenfalls nach h. M. — wesentlich voneinander. Während die Anfechtung nach dem BGB stets die angefochtene Willenserklärung, ja zuweilen sogar das dingliche Vollzugsgeschäft vernichtet, gibt die Konkursanfechtung dem Verwalter lediglich einen schuldrechtlichen Rückgewähranspruch[166]. Demgegenüber hat *Paulus*[167] nachzuweisen versucht, daß die Anfechtbarkeit einer Rechtshandlung zu einer „relativen Unwirksamkeit haftungsrechtlicher Art" führe, die im Konkurse des Anfechtungsgegners Aussonderungskraft habe.

[166] RGZ 91, 369; 101, 121; BGHZ 15, 337; 22, 134; *J—L*, Vorbem. III vor § 29; *M—K*, § 29 Anm. 38; *Serick*, § 32 I 3; *Weber* KTS 61, 50; *Giese* BB 69, 562. Vgl. dazu noch unten Abschn. 14.4.

[167] AcP 155, 277 und Festschrift für Nipperdey, 1965, Bd. I S. 909 ff. Ähnl. schon früher *Hellwig* ZZP 26, 474.

Diese Verdinglichung der Anfechtung führt jedoch, wie *Lent-Jauernig*[168] wohl überzeugend nachgewiesen haben, zu Ergebnissen, die mit der gesetzlichen Regelung, die die Anfechtung in der KO gefunden hat, nicht mehr in Einklang gebracht werden können.

14.2. Die Voraussetzungen der Anfechtung

Voraussetzungen einer Anfechtung sind

— eine Rechtshandlung

— eine dadurch bewirkte Gläubigerbenachteiligung

— das Vorliegen eines Anfechtungstatbestandes.

Rechtshandlung i. S. der §§ 29 ff. ist jedes Handeln oder jedes wissentliche und gewollte Unterlassen des Gemeinschuldners, das eine vermögensrechtliche Wirkung hervorruft. In Anwendung eines allgemeinen Rechtsgedankens, der die gegen eine Person durchgeführten Zwangsvollstreckungsmaßnahmen den Rechtshandlungen dieser Person gleichsetzt (vgl. z. B. § 135 Abs. 1 S. 2 BGB, § 161 BGB, § 883 Abs. 2 BGB), gelten auch Zwangsvollstreckungsmaßnahmen gegen den Gemeinschuldner als Rechtshandlungen i. S. der §§ 29 ff.[169].

Eine *Gläubigerbenachteiligung* liegt nur dann vor, wenn sich deren konkursmäßige Befriedigung bei Unterbleiben des anzufechtenden Vorganges günstiger gestaltet hätte; maßgebend ist also eine rein wirtschaftliche Betrachtungsweise[170]. Der Benachteiligungsbegriff bedarf jedoch noch einer Differenzierung:

Beispiel 14:

Kurz vor Konkurseröffnung tätigt A folgende Geschäfte:

a) er übereignet seiner Ehefrau einen wertvollen Ring

b) er tauscht einen wertvollen Rassehund gegen einen anderen wertgleichen Hund ein. Der eingetauschte Hund geht bald darauf ein.

[168] § 50 II 1.

[169] *M—K*, § 29 Anm. 5; *B—St*, § 29 Anm. 8.

[170] BGH NJW 60, 1011. Als Benachteiligung wird — wohl etwas zu weitgehend — bereits eine Verzögerung der Gläubigerbefriedigung angesehen, vgl. *Serick* § 32 I 2 a und BGH WM 64, 505.

Im Falle a) wurden die Gläubiger unmittelbar durch die Übereignung des Ringes benachteiligt, weil dadurch das Vermögen (die spätere Masse) sofort verringert wurde; im Falle b) trat durch den Vollzug des Tauschvertrages zunächst keine unmittelbare Benachteiligung ein, weil der eingetauschte Hund ja den gleichen Wert hatte. Erst als der Hund einging — also durch ein hinzutretendes weiteres Ereignis — wurde das Vermögen des A geschmälert, die Benachteiligung war hier also eine mittelbare. Nach den Grundsätzen der aus dem Deliktsrecht bekannten Lehre von der adäquaten Verursachung sind dabei jedoch nur solche weiteren Umstände zu berücksichtigen, die allgemein nach den Erfahrungen des täglichen Lebens als Ursachen der eingetretenen Benachteiligung in Betracht kommen können[171].

Die beiden Benachteiligungsarten sind streng zu unterscheiden; so muß in den Fällen des § 30 Nr. 1, 1. Halbs. und § 31 Nr. 2 stets eine unmittelbare Benachteiligung vorliegen, während in den Fällen der § 30 Nr. 1, 2. Halbs., § 30 Nr. 2, § 31 Nr. 1 und § 32 bereits eine mittelbare Gläubigerbenachteiligung ausreicht[172].

Die Gläubigerbenachteiligung muß vorliegen

> wenn mittelbare Benachteiligung genügt, im Zeitpunkt der letzten mündlichen Verhandlung in der letzten Tatsacheninstanz des Anfechtungsprozesses[173]; bei unmittelbarer Benachteiligung zur Zeit der Vollendung des jeweiligen Anfechtungstatbestandes[174].

14.3. Die einzelnen Anfechtungstatbestände

Das Gesetz kennt drei Gruppen von Anfechtungstatbeständen, die zum Teil wiederum in sich gegliedert sind:

- — Die sog. besondere Konkursanfechtung (§ 30)
- — die sog. Absichtsanfechtung (§ 31) und
- — die sog. Schenkungsanfechtung (§ 32).

[171] OLG Braunschweig MDR 53, 741; *B—St*, § 29 Anm. 12.

[172] S. auch die Ausführungen bei den einzelnen genannten Tatbeständen.

[173] BGH WM 63, 269 (für den vergleichbaren Fall des § 3 Abs. 1 S. 1 AnfG), *J—L*, § 29 Anm. 27.

[174] BGH KTS 55, 139; *J—L*, § 29 Anm. 26.

14.3.1. Die besondere Konkursanfechtung des § 30

Die Vorschrift unterscheidet wiederum drei Anfechtungstatbestände:

— § 30 Nr. 1, 1. Hs.
— § 30 Nr. 1, 2. Hs.
— § 30 Nr. 2.

Gemeinsam ist allen drei Tatbeständen, daß es sich um die Anfechtung von Geschäften handelt, die innerhalb eines (in Nr. 1 und 2 unterschiedlich langen) Zeitraumes, der sog. „Krise", vorgenommen wurden.

In Nr. 1, 2. Hs. und in Nr. 2 ist die Rede von „Rechtshandlungen, welche einem Konkursgläubiger Sicherung oder Befriedigung gewähren". Man nennt eine solche Sicherung oder Befriedigung einer bereits bestehenden (!) Konkursforderung im Konkursrecht eine „Deckung"; Nr. 1, 2. Hs. und Nr. 2 behandeln somit Fälle einer Deckung; Nr. 1, 1. Hs. behandelt allgemein „Rechtsgeschäfte des Gemeinschuldners". Nun ist natürlich ein Fall der Deckung regelmäßig auch ein Rechtsgeschäft des Gemeinschuldners, die spezielle und unterschiedliche Regelung ergibt jedoch, daß Nr. 1, 1. Hs. nur solche Rechtsgeschäfte betrifft, die nicht unter Nr. 1, 2. Hs. oder unter Nr. 2 fallen[175].

§ 30 Nr. 1, 1. Hs. („sonstige Rechtsgeschäfte").

> *Beispiel 15:*
>
> A der bereits Konkursantrag gestellt hat, verkauft und übereignet B ein Gemälde, das etwa 5000,— DM wert ist für nur 1000,— DM, weil er dringend Bargeld braucht. B weiß von dem Konkursantrag.

Anfechtbar nach Nr. 1, 1. Hs. ist ein Vorgang, wenn

— ein Rechtsgeschäft (gegenseitiger und einseitig verpflichtender Vertrag[176]), das jedoch keine „Deckung" beinhaltet, vorliegt

[175] BGH WM 59, 28; *M—K*, § 30 Anm. 19; *B—St*, § 30 Anm. 2 a; *P—Gr*, § 28 a. E.
[176] *M—K*, § 30 Anm. 18.

— die Vornahme dieses Geschäfts innerhalb der Krise[177] geschah
— eine unmittelbare Benachteiligung vorliegt
— und der Vertragspartner des Gemeinschuldners von Zahlungseinstellung oder Konkursantrag im Zeitpunkt der Vollendung des Rechtsgeschäfts Kenntnis hatte[178].

§ 30 Nr. 1, 2. Hs. und § 30 Nr. („Deckungsgeschäfte")

Beide Tatbestände betreffen die Sicherung oder Befriedigung einer bereits bestehenden Konkursforderung. Der Unterschied zwischen beiden Tatbeständen liegt darin, daß § 30 Nr. 2 die Anfechtbarkeit einer Deckung regelt, die der Gläubiger „nicht oder nicht in der Art oder nicht zu der Zeit zu beanspruchen hatte", auf die der Gläubiger also — einmal etwas vereinfacht gesagt — keinen Anspruch (mehr) hat (sog. *„inkongruente Deckung"* im Gegensatz zur *„kongruenten Deckung"*, die der Gläubiger zu beanspruchen hatte!).

Der Tatbestand des § 30 Nr. 1, 2. Hs. umfaßt Deckungsgeschäfte, die dem Gläubiger eine kongruente Deckung gewähren[179].

Beispiel 16:

A hat gegen B eine Darlehensforderung von 15 000,— DM. Nachdem B bereits seine Zahlungen eingestellt hat — was A bekannt ist — zahlt er die fällige Schuldsumme zurück.

Obwohl der Gläubiger hier nur erhält, was ihm zusteht, ist das Geschäft anfechtbar, weil der Gesetzgeber es für unbillig ansieht, daß ein Gläubiger sich volle Befriedigung in einer Situation verschafft, in der er jedenfalls damit rechnen muß, daß andere Gläubiger nicht mehr voll befriedigt werden kön-

[177] Zum Begriff der Zahlungseinstellung s. oben Abschn. 3.1.4. Es genügt, daß ein wesentlicher Teil des Rechtsgeschäfts, also z. B. der dingliche Vollzugsakt innerhalb der Krise vorgenommen wird, vgl. BGHZ 41, 17.

[178] Erforderlich ist positive Kenntnis, sog. „Kennenmüssen" genügt nicht, BGH KTS 64, 169.

[179] *B—St,* § 30 Anm. 3 b. Nach P—Gr, § 30 I umfaßt die Vorschrift auch inkongruente Deckungen, was jedoch — wie die Autoren selbst ausführen — im Hinblick auf Nr. 2 jedenfalls keine praktische Bedeutung erlangen kann, wohl auch gesetzessystematischen Einwänden begegnet.

nen. Das Gesetz verschafft somit dem Grundsatz der Verlustgemeinschaft vom Beginn der Krisis an Geltung[180].

Anfechtbar ist nach § 30 Nr. 1, 2. Hs. ein Vorgang, wenn

— ein Konkursgläubiger in der Krisis eine (kongruente) Deckung erhalten hat durch die die anderen Gläubiger benachteiligt werden (mittelbare Benachteiligung!),
— der Verwalter beweisen kann, daß diesem Gläubiger im Zeitpunkt der Deckung Zahlungseinstellung oder Eröffnungsantrag bekannt war.

Daß eine inkongruente Deckung (§ 30 Nr. 2) anfechtbar ist, entspricht dem allgemeinen Rechtsempfinden. Wenn schon viele der Gläubiger das, was sie zu beanspruchen haben, nur zu einem (meist geringen) Teil bekommen können, wäre es unbillig, anderen etwas zu belassen, was ihnen gar nicht zusteht.

Wann liegt eine inkongruente Deckung vor?

Beispiel 17:

Rechtsanwalt A hatte gegen B seit 1965 eine Gebührenforderung von 500,— DM. Am 1. 2. 1969 stellt B Antrag, über sein (des B) Vermögen das Konkursverfahren zu eröffnen. Fünf Tage vorher hat er noch an A die 500,— DM bezahlt.

Es handelt sich im vorliegenden Fall zweifellos um eine Deckung, sie ist deshalb inkongruent, weil der Anspruch des A bereits verjährt war (§ 196 Nr. 15 BGB) und deshalb nicht mehr gegen den Willen des B realisiert werden konnte. Die Begleichung einer solchen Forderung ist ein typischer Fall der ersten Möglichkeit einer inkongruenten Deckung („Leistung, die der Gläubiger nicht beanspruchen kann"). Hierher gehören auch Leistungen auf einen Anspruch trotz Anfechtbarkeit des Grundgeschäftes nach Maßgabe der §§ 119 ff. BGB oder die Erfüllung von unklagbaren Verbindlichkeiten.

Beispiel 18:

A hat seinem Gläubiger B zur Erfüllung einer Darlehensforderung an Erfüllungs Statt ein Gemälde übereignet.

[180] *P—Gr*, § 30 III.

Die Hingabe einer anderen als der geschuldeten Leistung ist stets inkongruente Deckung[181] nach der zweiten Möglichkeit des § 30 Nr. 2 („Leistung, die der Gläubiger in dieser Art nicht zu beanspruchen hatte"). Auch die Aufrechnung kann inkongruente Deckung sein[182], nicht jedoch die Hingabe eines eigenen Wechsels oder Schecks[183]. Auch die Begründung eines Pfändungspfandrechts oder einer Hypothek im Wege der Zwangsvollstreckung ist inkongruente Deckung, weil trotz eines vom Gläubiger erstrittenen Vollstreckungstitels materiellrechtlich (!) ein Anspruch auf eine solche Sicherung nicht bestand[184]. Nicht unter § 30 Nr. 2 fällt jedoch die Pfändung baren Geldes, weil der Gläubiger einen Anspruch auf Barzahlung hat, also die Leistung erhält, die ihm zusteht (§ 815 Abs. 3 ZPO!).

Eine inkongruente Deckung liegt ferner vor, wenn ein noch nicht fälliger oder aufschiebend bedingter Anspruch erfüllt wird (Leistung, die „nicht zu der Zeit beansprucht werden konnte").

Zur Begründung einer Klage nach § 30 Nr. 2 hat der Verwalter darzutun und zu beweisen

— daß der Gläubiger innerhalb der Krisis oder in den letzten zehn Tagen vorher eine inkongruente Dekkung erhalten hat,

— daß dadurch die anderen Gläubiger benachteiligt werden, wobei mittelbare Benachteiligung genügt.

Für eine Kenntnis der Zahlungseinstellung bzw. des Konkursantrages seitens des Anfechtungsgegners oder für die Begünstigungsabsicht des Gemeinschuldners und die Kenntnis des Anfechtungsgegners von dieser Absicht besteht eine gesetzliche Vermutung[185]. Will sich der Anfechtungsgegner der Anfechtung

[181] Vgl. BGH MDR 63, 214: Inkongruente Deckung bei Überlassung von Teilen des Geschäftsvermögens an den Ehegatten zur Abgeltung von dessen Mitarbeitsansprüchen.

[182] RG Wrn. 35 Nr. 13.

[183] *J—L*, § 30 Anm. 51.

[184] RGZ 78, 334; BGHZ 34, 258; *Serick*, § 35 IV 3 a; *B—St*, § 30 Anm. 4 c; *M—K*, § 30 Anm. 52. Zu weitgehend ist es m. E., wenn BGHZ 33, 389 auch dann inkongruente Deckung annimmt, wenn eine Bank auf Grund ihrer allgemeinen Geschäftsbedingungen jederzeit Anspruch auf Bestellung banküblicher Sicherheiten hat.

[185] BGHZ 33, 396.

entziehen, so muß er das Nichtvorliegen dieser Tatbestandsmerkmale beweisen. Der Umfang der ihn treffenden Beweislast ist, je nach dem Zeitpunkt, zu dem die angefochtene Rechtshandlung vorgenommen wurde, unterschiedlich:

> Fällt die Rechtshandlung in die Zeit nach Antragstellung, muß der Anfechtungsgegner beweisen, daß ihm weder der Konkursantrag, noch die Zahlungseinstellung noch eine Begünstigungsabsicht des Gemeinschuldners bekannt waren;
>
> fällt die Rechtshandlung in die Zeit zwischen Zahlungseinstellung und Konkursantragstellung, so muß er beweisen, daß er Zahlungseinstellung und Begünstigungsabsicht nicht gekannt hat;
>
> fällt die Rechtshandlung in die letzten zehn Tage vor Zahlungseinstellung, so bedarf es nur des Beweises von der Nichtkenntnis der Benachteiligungsabsicht[186].

An den Entlastungsbeweis sind strenge Anforderungen zu stellen.

14.3.2. Die Absichtungsanfechtung (§ 31)

Anfechtbar sind nach Nr. 1 Rechtshandlungen des Gemeinschuldners, die dieser in der dem anderen Teil bekannten Absicht der Gläubigerbenachteiligung vorgenommen hat. Die Vorschrift umfaßt zwar Rechtshandlungen aller Art, kann jedoch ausnahmsweise, da sie ein subjektiv motiviertes Handeln des Gemeinschuldners voraussetzt, auf Zwangsvollstreckungsmaßnahmen gegen den Gemeinschuldner nur dann angewandt werden, wenn der Gemeinschuldner die Maßnahmen mitbewirkt hat[187].

Benachteiligungsabsicht verlangt zumindest Eventualdolus[188].

[186] *J—L,* § 30 Anm. 59.

[187] Z. B. durch Nichteinlassung auf die Klage, vorsätzliches Unterlassen von Rechtsmitteln oder Rechtsbehelfen etc., vgl. *M—K,* § 31 Anm. 3.

[188] *J—L,* § 31 Anm. 5; BGH KTS 69, 246. Vgl. wegen einer evtl. Benachteiligungsabsicht bei Spekulationsgeschäften BGH KTS 60, 123 und bei Sanierungsgeschäften RG HRR 30, 168 und *Schneider* BB 52, 534.

Die Anfechtung ist ausgeschlossen, wenn seit der Vornahme der Handlung 30 Jahre verstrichen sind. § 41 Abs. 1 S. 2.

Der Verwalter muß im Anfechtungsprozeß beweisen

— die Vornahme der Rechtshandlung seitens des Gemeinschuldners (bei Rechtshandlungen eines Dritten die Mitwirkung des Gemeinschuldners)
— die dadurch bewirkte Gläubigerbenachteiligung (mittelbare Benachteiligung genügt!)
— die Benachteiligungsabsicht des Gemeinschuldners
— die Kenntnis des anderen Teiles im Zeitpunkt der Vollendung der Rechtshandlung.

Gehört der Anfechtungsgegner einem bestimmten, dem Gemeinschuldner nahestehenden Personenkreis an, so ermöglicht § 31 Nr. 2 die Anfechtung, ohne daß der Verwalter, wie bei Nr. 1, die Benachteiligungsabsicht und deren Kenntnis beweisen müßte. Voraussetzungen dafür sind:

— ein entgeltlicher Vertrag des Gemeinschuldners[189]
— der Abschluß des Vertrages im letzten Jahr vor Konkurseröffnung
— die Zugehörigkeit des Anfechtungsgegners zu dem Personenkreis des § 31 Nr. 2
— die *unmittelbare* Benachteiligung der Gläubiger.

Der Anfechtungsgegner kann sich der Anfechtung entziehen, wenn er beweist, daß ihm zur Zeit des Vertragsabschlusses eine Benachteiligungsabsicht des Gemeinschuldners nicht bekannt war.

14.3.3. Die Schenkungsanfechtung (§ 32)

Da die entgeltlich begründeten Rechte der Konkursgläubiger nicht durch die Folgen unentgeltlicher Geschäfte des Gemeinschuldners geschmälert werden sollen, erklärt § 32 solche unentgeltliche Verfügungen des Gemeinschuldners für anfechtbar, sofern sie innerhalb einer bestimmten Frist vorgenommen worden

[189] Entgeltlich ist jeder Vertrag, bei dem der Erwerb des anderen Teiles von einer ausgleichenden Zuwendung abhängig ist. Auch reine Erfüllungsgeschäfte fallen hierunter, die Entgeltlichkeit liegt in der Schuldbefreiung.

sind. Der Zeitraum, innerhalb dessen solche Geschäfte in anfechtbarer Weise vorgenommen worden sind, beträgt regelmäßig ein Jahr vor der Verfahrenseröffnung (Nr. 1), bei Verfügungen zu Gunsten des Ehegatten zwei Jahre (Nr. 2).

Der Begriff der „unentgeltlichen Verfügung" in § 32 ist weiter als der Schenkungsbegriff des § 516 BGB, weil er weder eine vertragliche Einigung über die Unentgeltlichkeit, noch die Freiwilligkeit der Zuwendung, noch eine Bereicherung des Empfängers voraussetzt[190]. Entscheidend ist allein, ob der Erwerb endgültig von einer ausgleichenden Zuwendung rechtlich abhängig ist.

Erhält der Gemeinschuldner eine Gegenleistung, ist diese aber objektiv nicht als gleichwertiges Entgelt anzusehen (sog. „Verkauf unter Wert"), so liegt eine unentgeltliche Zuwendung dann nicht vor, wenn beide Beteiligten die Gegenleistung subjektiv als genügendes Entgelt ansehen (z. B. Bezahlung eines bestimmten Liebhaberpreises)[191].

Unter Umständen kann bei einem solchen Austauschgeschäft mit objektiv erheblich wertverschiedenen Leistungen auch die Zerlegung in einen entgeltlichen und einen unentgeltlichen Teil in Frage kommen, wenn wirtschaftlicher Zweck und Inhalt des Geschäfts dies ermöglichen[192].

Bei Zuwendungen an den Ehegatten wirkt zugunsten des Verwalters auch die Vermutung des § 1362 Abs. 1 BGB in Bezug auf die Gegenleistung, so daß mit Hilfe dieser Vermutung auch bei Vorliegen einer Gegenleistung ein unentgeltliches Geschäft angenommen werden kann[193].

Nicht anfechtbar sind „gebräuchliche Gelegenheitsgeschenke" und zwar nach h. M. — obwohl dort nicht genannt — auch bei Nr. 2[194].

Der Verwalter hat bei einer Anfechtung nach § 32 zu beweisen:

— die Zuwendung und deren Unentgeltlichkeit

[190] *J—L*, § 32 Anm. 2.
[191] RGZ 165, 224.
[192] *E—L*, § 124 II; BGHZ 30, 120.
[193] Vgl. BGH NJW 55, 20.
[194] RGZ 124, 60.

— die Einhaltung der zeitlichen Begrenzung des § 32
— die Gläubigerbenachteiligung, wobei mittelbare Benachteiligung genügt.

14.4. Die Durchführung der Anfechtung

Das Anfechtungsrecht wird durch den Verwalter ausgeübt (§ 36), es richtet sich auf Wiederherstellung des Zustandes, wie er vor der anfechtbaren Handlung bestand. § 37 Abs. 1[195]. Ist Rückgewähr in Natur nicht mehr möglich, so tritt an die Stelle der Rückgewähr ein Anspruch auf Wertersatz in Geld.

Die Rückgabepflicht des gutgläubigen Empfängers einer unentgeltlichen Leistung endet mit dem Wegfall seiner Bereicherung. § 37 Abs. 2.

Die Anfechtung muß innerhalb eines Jahres seit Verfahrenseröffnung vorgenommen werden (§ 41 Abs. 1); trotz der Anwendbarkeit der Verjährungsvorschriften ist der Fristablauf im Rechtsstreit nicht erst dann zu beachten, wenn der Anfechtungsgegner ihn einredeweise geltend macht, sondern bereits dann, wenn er sich aus dem Vortrag der Parteien ergibt[196].

Auch nach Ablauf der Jahresfrist kann der Verwalter Leistungen aus der Masse verweigern, wenn sie sich auf eine (vor Fristablauf) anfechtbare Rechtshandlung gründen. § 41 Abs. 2.

Nach § 38 ist eine Gegenleistung aus der Konkursmasse (in voller Höhe) zu erstatten,

wenn sie sich noch unterscheidbar in der Masse befindet (was bei Geldleistungen wegen § 948 BGB ausscheidet), oder

wenn die Masse noch um den Wert dieser Leistung bereichert ist.

Sind beide Voraussetzungen nicht mehr gegeben, so muß der Anspruch auf Rückgewähr der Gegenleistung als gewöhnliche Konkursforderung angemeldet werden (§ 38 S. 2).

Nach § 40 ist eine Anfechtung nicht nur gegen den unmittelbaren Vertragspartner des Gemeinschuldners zulässig, sondern

[195] Rückgewähranspruch ohne dingliche Wirkung, vgl. oben Abschn. 14.1. Beispiele s. *B—St*, § 37 Anm. 2.

[196] *J—L*, § 41 Anm. 2 a.

unter bestimmten Voraussetzungen auch gegen dessen Rechtsnachfolger.

Rechtsnachfolger i. S. dieser Vorschrift ist nicht nur der Gesamtrechtsnachfolger (§§ 1922, 45, 56, 419, 1415 ff., 2371 ff. BGB, § 25 HGB), sondern auch der Sonderrechtsnachfolger, also der Erwerber des anfechtbar erlangten Gegenstandes. Rechtsnachfolger i. S. des § 40 ist weiter jedoch — und das ist besonders wichtig — auch derjenige, der an dem anfechtbar erlangten Gegenstand ein Recht erworben hat[197].

Eine Anfechtung auch gegen den Rechtsnachfolger ist möglich:

— wenn der Rechtsnachfolger die Anfechtbarkeit des Erwerbes seines Vorgängers kennt (§ 40 Abs. 2 Nr. 1),

— oder wenn der Rechtsnachfolger zum Gemeinschuldner (nicht zum Rechtsvorgänger) in einem Verwandtschafts- oder Schwägerschaftsverhältnis der in § 31 Nr. 2 genannten Art steht (§ 40 Abs. 2 Nr. 2), oder

— wenn der Rechtsnachfolger den Gegenstand oder das Recht an ihm unentgeltlich erlangt hat, § 40 Abs. 2 Nr. 3, § 37 Abs. 2 gilt auch hier. § 40 Abs. 3.

Abschließend noch folgendes

Beispiel 19:

A hat am 1. 2. Konkursantrag gestellt, sein Freund B weiß davon. Am 20. 2. wird das Verfahren eröffnet, von dieser Tatsache hat B keine Kenntnis. Am 21. 2. übereignet A an B schenkungsweise ein Grundstück; er versichert dabei dem B, das Verfahren sei noch nicht eröffnet. B wird, nachdem dem Grundbuchamt die Konkurseröffnung noch nicht bekannt ist, in das Grundbuch eingetragen.

Wie ist die Rechtslage?

B hat das Grundstück nach §§ 7 KO, 892 BGB erworben, die Kenntnis von der Antragstellung schadete ihm im Rahmen des § 892 BGB nicht.

Ist die Schenkung nach § 32 anfechtbar?

Nach dem Wortlaut dieser Vorschrift nicht, weil sie ja nur Verfügungen für anfechtbar erklärt, die im letzten Jahr *vor*

[197] RGZ 25, 412.

der Verfahrenseröffnung vorgenommen wurden, in unserem Falle liegt die Verfügung jedoch *nach* der Eröffnung. § 42 aber erklärt die Anfechtungstatbestände auch auf solche Verfügungen für anwendbar, die nach Eröffnung des Verfahrens gem. §§ 892, 893 BGB wirksam geworden sind.

Nach h. M. ist § 42 darüber hinaus auch auf die Fälle der § 15 KO, § 878 BGB anzuwenden, weil ein innerer Grund, diesen Erwerb anders als den gutgläubigen Erwerb zu behandeln, nicht besteht[198].

15. Die Verteilungen

15.1. Die verschiedenen Verteilungsverfahren

Zweck des Verfahrens ist die Verteilung des Erlöses aus der Versilberung der Masse an die Konkursgläubiger.

Unabhängig von den (förmlichen) Verteilungsverfahren geschieht die Berichtigung von Aussonderungs-, Absonderungs- und Masseansprüchen, die vorweg zu berichtigen sind. Wenn von „Verteilungsverfahren" die Rede ist, handelt es sich also stets um die Befriedigung von Konkursforderungen.

Wir unterscheiden drei Arten von Verteilungsverfahren:

die Abschlagsverteilung,
die Schlußverteilung und
die Nachtragsverteilung.

Der Konkursverwalter soll mit der Verteilung an die Gläubiger regelmäßig nicht erst beginnen, wenn das gesamte Vermögen versilbert ist, sondern bereits nach dem allgemeinen Prüfungstermin soll der Verwalter Verteilungen vornehmen, „so oft hinreichend bare Masse vorhanden ist", § 149.

Solche Verteilungen, die quasi einen Abschlag auf die zu erwartende endgültige Ausschüttung gewähren, nennt man Abschlagsverteilung. Ist ein Gläubigerausschuß vorhanden, so bedarf eine Abschlagsverteilung seiner Genehmigung. § 150.

Sobald die gesamte Masse versilbert ist, erfolgt unter Berücksichtigung evtl. bereits vorgenommener Abschlagsverteilungen die endgültige Aufteilung des Erlöses unter die Gläubiger, die

[198] RGZ 81, 427; *M—K*, § 42 Anm. 1.

sog. Schlußverteilung. Sie bedarf der vorherigen Zustimmung des Gerichts. § 161 Abs. 2 (s. dazu auch unten Abschn. 15.4).

Eine Nachtragsverteilung wird erforderlich, wenn nach der Schlußverteilung noch Beträge verfügbar werden, die zur Masse gehören und deshalb noch nachträglich an die Gläubiger zu verteilen sind. Eine Nachtragsverteilung ist vom Gericht ausdrücklich anzuordnen. § 166 Abs. 1.

Unabhängig von den Verteilungen, also bereits vor einer Abschlagsverteilung, kann der Verwalter auf festgestellte bevorrechtigte Forderungen (§ 61 Nr. 1—5) Zahlungen leisten, er bedarf dazu der Ermächtigung durch das Gericht. § 170. Vorrechtsgläubiger können eine solche Ermächtigung des Verwalters auch selbständig beantragen. Gegen einen ablehnenden Beschluß kann mit der befristeten Erinnerung (§§ 73 Abs. 3 KO, 11 Abs. 2 RpflG) angehen, wer die Ermächtigung beantragt hat; einen ermächtigenden Beschluß können die Massegläubiger, sowie alle Gläubiger mit gleichem oder besserem Rang anfechten.

15.2. Die Grundsätze der Verteilung

Die Verteilungen werden durch den Verwalter vorgenommen. § 167.

Je nach dem Ergebnis der Prüfungsverhandlungen und der Art der Verteilung werden dabei die einzelnen Gläubiger unterschiedlich behandelt:

Festgestellte Forderungen werden stets berücksichtigt, sie sind rechtskräftig „zuerkannt“ und berechtigen deshalb zur uneingeschränkten Teilnahme an den Verteilungen; bei Forderungen, die aufschiebend bedingt sind (u. U. auch bei auflösend bedingten Forderungen), werden die auf sie entfallenden Anteile zurückbehalten bzw. nach dem Vollzug der Schlußverteilung hinterlegt (§ 168 Nrn. 2 und 4, § 169), bis der Eintritt bzw. Nichteintritt der Bedingung feststeht.

Bei bestrittenen Forderungen ist zwischen titulierten und nichttitulierten Ansprüchen zu unterscheiden:

Titulierte Ansprüche werden bei den Verteilungen berücksichtigt, bis der Widerspruch für begründet erklärt ist. Weist der Widersprechende bis zum Beginn des Vollzuges der Verteilung nach, daß er seinen Widerspruch gerichtlich verfolgt, so ist der auf die Forderung entfallende Betrag bis zur Entscheidung zurückzubehalten. § 168 Nr. 1. Die Auszahlung an den Gläubiger setzt dann die rechtskräftige Abweisung der Widerspruchsklage voraus.

Nichttitulierte Ansprüche werden nur dann berücksichtigt, wenn der Gläubiger innerhalb einer Ausschlußfrist von zwei Wochen nach der öffentlichen Bekanntmachung (§ 151) gegenüber dem Verwalter den Nachweis führt, daß er die Feststellung der Forderung betreibt (§ 152); wird der Nachweis geführt, so ist der auf die Forderung entfallende Anteil zurückzubehalten. § 168 Nr. 1[199]. Eine endgültige Ausschüttung im Rahmen der Schlußverteilung hängt davon ab, daß der Gläubiger seine Forderung gegen alle Widersprechenden im Prozeßwege durchsetzen konnte.

Forderungen, für die ein Recht auf abgesonderte Befriedigung besteht, werden nur in Höhe ihres Ausfalles berücksichtigt. Die Gläubiger solcher Forderungen müssen, wollen sie bei einer Abschlagsverteilung berücksichtigt werden, innerhalb der Frist des § 152 dem Verwalter nachweisen, daß sie die abgesonderte Befriedigung betreiben (sie geschieht ja außerhalb des Verfahrens, § 4 Abs. 2!) und den mutmaßlichen Ausfall glaubhaft machen. § 153 Abs. 2. An der Schlußverteilung können sie nur teilnehmen, wenn sie dem Verwalter gegenüber den Nachweis ihres Verzichts auf abgesonderte Befriedigung oder ihres endgültigen Ausfalls führen.

Die Schlußverteilung, mit der die Verwertung der Masse zugunsten der Gläubiger beendet wird, ist das eigentliche „Ziel“ des Verfahrens, ihre richtige und baldmögliche Durchführung liegt im Interesse aller Verfahrensbeteiligten[200].

15.3. Das Gläubigerverzeichnis

Die Abschlagsverteilungen und die Schlußverteilung werden jeweils auf Grund eines Verzeichnisses vorgenommen, das der

[199] Die Nichteinhaltung der Frist des § 152 schließt den Gläubiger bei einer Abschlagsverteilung nicht endgültig aus, vgl. § 155; lediglich die Versäumung der Frist für die Schlußverteilung hat den endgültigen Ausschluß zur Folge. Vgl. *M—K*, § 152 Anm. 5.

[200] Ausf. zur Schlußverteilung *Bieler* KTS 62, 84.

Konkursverwalter zu erstellen hat. In ihm sind alle bei der betreffenden Verteilung nach den vorstehenden Grundsätzen zu berücksichtigenden Gläubiger aufzuführen. § 151. Das Verzeichnis ist auf der Geschäftsstelle des Konkursgerichts niederzulegen, danach sind die Summe der Forderungen und der zur Verteilung verfügbare Massebestand öffentlich bekanntzumachen.

Das Gericht ist zunächst nicht verpflichtet, das Gläubigerverzeichnis zu überprüfen. Jeder Konkursgläubiger — sofern er an der Änderung ein rechtliches Interesse hat, d. h. sofern er durch die behauptete Unrichtigkeit beschwert ist — hat jedoch bei einer Abschlagsverteilung die Möglichkeit, binnen einer Woche nach dem Ablauf der Ausschlußfrist des § 152 beim Konkursgericht Einwendungen gegen das Verzeichnis zu erheben. Über diese Einwendungen entscheidet das Konkursgericht. § 158 Abs. 2 S. 1.

Werden die Einwendungen zurückgewiesen, so ist diese Entscheidung dem Einwender, dem Verwalter und dem von der Einwendung unmittelbar betroffenen anderen Gläubiger zuzustellen. Der Einwender kann gegen diesen Beschluß (da ja im Regelfall der Rechtspfleger entscheidet) die befristete Erinnerung einlegen.

Wird den Einwendungen stattgegeben, so ist die entsprechende Änderung des Gläubigerverzeichnisses anzuordnen. Diese Entscheidung ist auf der Geschäftsstelle niederzulegen; mit der Niederlegung beginnt die Erinnerungsfrist. § 158 Abs. 2. Anfechtungsberechtigt ist der Verwalter, sowie jeder Gläubiger, der durch die angeordnete Änderung beschwert ist. Einwendungen gegen das Schlußverzeichnis, d. h. das Gläubigerverzeichnis für die Schlußverteilung, können nur in einer Gläubigerversammlung, dem sog. Schlußtermin erhoben werden. § 162 Abs. 1. Über diese Einwendungen kann sofort im Termin oder nachträglich entschieden werden; für die Entscheidung gelten hinsichtlich ihrer Bekanntmachung die oben dargestellten Grundsätze auch dann, wenn die Entscheidung im Termin verkündet wird.

15.4. Der Schlußbericht

Bei der Beendigung seines Amtes hat der Verwalter einer Gläubigerversammlung über seine Amtsführung abschließend Rechenschaft abzulegen; das geschieht durch die sog. Schlußrechnung (Schlußbericht), § 86. (Nicht zu verwechseln mit dem oben Nr. 15.3 besprochenen Schlußverzeichnis!) Diese Schlußrechnung ist mehr als eine bloße Abrechnung über die Vermögensabwicklung. Sie muß ein vollständiges Bild der gesamten Geschäftsführung gewähren; der Verwalter muß darlegen, welchen Massebestand er vorgefunden hat, wie und mit welchem Ergebnis er ihn verwertet, welche Gegenstände er freigegeben hat und weshalb, welche Aus- bzw. Absonderungsansprüche erhoben wurden und mit welchem Erfolg, wie schwebende Rechtsgeschäfte und Prozesse abgewickelt worden sind und inwieweit Anfechtungsansprüche gemacht werden konnten oder nicht. Dazu kommt eine geordnete Zusammenstellung von Einnahmen und Ausgaben mit den erforderlichen Belegen[201].

Der Schlußbericht ist spätestens drei Tage vor dem Schlußtermin auf der Geschäftsstelle des Konkursgerichts zur Einsicht der Beteiligten niederzulegen.

Vorher jedoch ist der Schlußbericht bereits vom Gericht zu überprüfen. Das Gericht wird dabei von Amts wegen tätig, es ist nicht auf Einwendung eines Beteiligten angewiesen. Die Prüfung erstreckt sich nicht nur auf die formelle Ordnungsmäßigkeit der Abrechnung, sondern sie hat den Zweck, festzustellen, ob die Voraussetzungen der Schlußverteilung (§ 161 Abs. 1) vorliegen, insbesondere, ob die Masse vollständig verwertet ist und ob nicht noch Vermögen zur Masse gezogen werden kann[202].

Solange diese Voraussetzungen nach der Überzeugung des Gerichts nicht vorliegen, hat es die Genehmigung zur Schlußverteilung (§ 161 Abs. 2!) zu verweigern.

Werden von den Beteiligten im Schlußtermin Einwendungen gegen den Schlußbericht erhoben, so ist der Streit darüber vor

[201] Vgl. ausf. *Mohrbutter-Haarmann*, S. 314.
[202] *J—W*, § 86 Anm. 3; LG Aschaffenburg KTS 59, 158; LG München I KTS 65, 244.

dem Prozeßgericht auszutragen[203]. Diese Möglichkeit spielt jedoch in der Praxis eine äußerst geringe Rolle, weil erfahrungsgemäß im Schlußtermin keiner der beteiligten Gläubiger erscheint; besondere Bedeutung kommt deshalb der Überprüfung der Schlußrechnung durch das Gericht zu.

16. Der Zwangsvergleich

16.1. Der Sinn des Zwangsvergleichs

Das Konkursverfahren ist in seinen Folgen häufig für alle Beteiligten unbefriedigend:

Die Gläubiger erhalten eine oft nur geringe Quote (Dividende), weil die Massegegenstände häufig verschleudert werden müssen und weil durch Masse- und Anfechtungsprozesse große Kosten entstehen; der Gemeinschuldner verliert sein ganzes Vermögen, deckt aber dadurch trotzdem nur einen geringen Teil seiner Schulden ab und sieht sich nach Verfahrensbeendigung sofort wieder dem Ansturm der Gläubiger ausgesetzt (s. unten Abschn. 17.2).

§ 173 sieht deshalb vor, daß der Gemeinschuldner mit seinen Gläubigern einen Vergleich abschließen kann. Inhalt dieses Vergleiches ist in der Regel das Angebot, innerhalb eines bestimmten Zeitraumes einen bestimmten Forderungsprozentsatz gegen Erlaß der Restforderung zu tilgen. Meist wird den Gläubigern zugleich eine Sicherung für die Vergleichserfüllung angeboten, häufig wird die Stellung von Bürgen, die Sicherungsübereignung von beweglichen Sachen (etwa aus dem konkursfreien Vermögen), oder die Eintragung einer Sicherungsgrundschuld zugunsten eines Treuhänders vereinbart. Wesentlich für den Vergleich sind jedoch weder Sicherstellung noch Teilerlaß; der Vergleich kann sich etwa auf eine Stundung bzw. eine Ratenzahlungsvereinbarung beschränken.

Der Vergleich muß vom Gemeinschuldner vorgeschlagen werden, und zwar nach Durchführung des allgemeinen Prüfungstermins, spätestens jedoch bis zur Genehmigung der Schlußver-

[203] *J—W*, § 86 Anm. 6.

teilung. § 173. Der Vorschlag hat den Vergleichsinhalt darzulegen und sich über eine Sicherung der Gläubiger zu äußern. § 174. Unter bestimmten Umständen (vgl. § 175) ist ein Vergleich von vornherein unzulässig. Ein Vorschlag kann vom Gericht auch dann zurückgewiesen werden, wenn die Voraussetzungen des § 176 vorliegen oder wenn die vorhandene Masse offensichtlich die Vergleichserfüllung nicht ermöglicht.

16.2. Die Verhandlung und Abstimmung im Vergleichstermin

Über den Vergleichsvorschlag wird in einem besonderen Termin, dem sog. *Vergleichstermin* verhandelt und abgestimmt. Der Vergleich kommt nämlich dadurch zustande, daß ihm eine Gläubigermehrheit zustimmt; ist er angenommen, bindet er auch diejenigen, die gegen ihn gestimmt haben (daher „Zwangsvergleich"! vgl. dazu unten Abschn. 16.4).

Zur Annahme sind zwei Mehrheiten erforderlich:

die sog. „Kopfmehrheit" (§ 182 Abs. 1 Nr. 1) der anwesenden Gläubiger und

die sog. „Summenmehrheit" (§ 182 Abs. 1 Nr. 2), berechnet aus der Gesamtzahl aller nicht bevorrechtigten Gläubigerforderungen.

Der Gesetzgeber will damit verhindern, daß entweder wenige Großgläubiger eine Vielzahl von Kleingläubigern majorisieren (deshalb „Kopfmehrheit"!), oder aber, daß viele Kleingläubiger einen Großgläubiger einfach wegen der Zahl der Köpfe überstimmen (deshalb „Summenmehrheit"!).

Wer ist stimmberechtigt?

Zunächst sind grundsätzlich nur Gläubiger stimmberechtigt, deren Forderungen im § 61 Nr. 6 (Rangklasse VI) eingestuft sind, denn nur gegen sie wirkt der abzuschließende Vergleich. § 193.

Welche sonstigen Bedingungen für das Stimmrecht vorliegen müssen, ist in §§ 95 und 96 festgelegt, sie gelten übrigens für alle Abstimmungen in den verschiedenen Gläubigerversammlungen.

Stimmberechtigt sind

a) alle festgestellten Forderungen (§ 95 Abs. 1 S. 1)

b) die bestrittenen Forderungen zunächst insoweit, als die Beteiligten sich über die Gewährung eines Stimmrechts an diese Forderungen einigen. § 95 Abs. 1 S. 2 und 3.

Kommt eine Einigung nicht zustande, so muß das Gericht über das diesen Forderungen zustehende Stimmrecht entscheiden. § 95 Abs. 1 S. 3.

c) bei Forderungen, für die ein Recht auf abgesonderte Befriedigung besteht, gibt es ein Stimmrecht in Höhe des vom Gläubiger anzugebenden mutmaßlichen Ausfallbetrages. Widerspricht der Verwalter oder ein Gläubiger, so hat das Gericht zu entscheiden, in welcher Höhe der Forderung Stimmrecht zukommt. Maßgebend ist dafür (wegen § 64!) der Betrag des voraussichtlichen Ausfalles. § 96 Abs. 1.

Die Stimmrechtsentscheidungen des Gerichts sind in allen Fällen unanfechtbar (§§ 95 Abs. 3, 96 Abs. 2); das gilt auch dann, wenn der Rechtspfleger entschieden hat. § 11 Abs. 5 S. 2 RpflG.

Bei der Berechnung der erforderlichen Mehrheiten wird die Stimme des Ehegatten des Gemeinschuldners nicht mitgezählt, sofern er für den Vergleich stimmt. § 183 Abs. 1. Das gleiche gilt für einen Gläubiger, der unter bestimmten Umständen seine Forderung vom Ehegatten des Gemeinschuldners erworben hat. § 183 Abs. 2[204].

Die Stimmabgabe kann nur mündlich im Termin geschehen; Enthaltung gilt als Ablehnung[205]. Gesamtgläubiger (ebenso Forderungsinhaber und Pfandgläubiger, Miterben einer ungeteilten Erbengemeinschaft) haben nur eine Stimme; stimmen sie nicht einheitlich, so gilt dies ebenfalls als Ablehnung[206].

Ein Vormund bedarf, wenn er für den Vergleich stimmen will, der vormundschaftsgerichtlichen Genehmigung, sofern der

[204] Wegen der u. U. in einem solchen Fall problematischen Mehrheitsberechnung s. Beispiele bei *J—W*, § 183 Anm. 3.
[205] *B—St*, § 182 Anm. 1.
[206] Wie Fußn. 205.

Gegenstand des Vergleichs[207] 300,— DM übersteigt, § 1822 Nr. 12 BGB; das gleiche gilt für den Pfleger. § 1915 BGB.

16.3. Das Bestätigungsverfahren

Wird bei der Abstimmung nur eine der erforderlichen Mehrheiten erreicht, so kann der Gemeinschuldner die Vertagung und die einmalige Wiederholung der Abstimmung in einem neuen Termin beantragen. § 182 Abs. 2.

Sind die erforderlichen Mehrheiten zustandegekommen, so ist der Vergleich angenommen. Er bedarf jedoch zu seiner Wirksamkeit noch der Bestätigung durch das Gericht. § 184 Abs. 1. Vor der Entscheidung über die Bestätigung sind die Beteiligten im gleichen oder in einem neuen Termin zu hören, § 184 Abs. 2; auch schriftliche Stellungnahmen sind bei der Entscheidung zu berücksichtigen.

Der Vergleich *ist* trotz seiner Annahme von Amts wegen zu verwerfen,

- wenn das Verfahren oder der Abschluß des Vergleiches an einem wesentlichen und unbehebbaren Mangel leiden. Wesentliche Mängel sind Verletzungen der §§ 173—175, 177, 178, 179 Abs. 1 S. 2 und 3, 181—183, 211 Abs. 1, 230 und 236. Im Bestätigungsverfahren ist auch festzustellen, ob die abstimmenden Gläubiger prozeßfähig sind, ob die Vertretungsberechtigung eines abstimmenden Vertreters hinreichend nachgewiesen ist, sowie, ob evtl. notwendige Genehmigungen der Stimmabgabe vorliegen. § 186 Nr. 1;
- wenn ein Fall des § 175 nachträglich erst eingetreten (oder bekannt geworden) ist, § 186 Nr. 2,
- wenn die Gläubiger durch den Vergleich nicht zumindest ein Fünftel ihrer Forderungen erhalten und dieses schlechte Ergebnis auf ein unredliches Verhalten des Gemeinschuldners zurückzuführen ist. § 187 S. 1.

[207] Maßgebend ist die Differenz zwischen der voraussichtlichen Gläubigerbefriedigung ohne den Vergleich und der nach dem Vergleichsvorschlag; ebenso: *B—St*, § 74 VerglO Anm. 4, auf die in § 173 KO Anm. 1 verwiesen wird, und *Palandt-Lauterbach* § 1822 Anm. 12; *a. A. M—K*, § 173 Anm. 4: Maßgebend sei, ob die Forderung 300,— DM übersteigt.

Der Vergleich *kann* von Amts wegen verworfen werden,

wenn die Gläubiger nicht mindestens ein Fünftel ihrer Forderungen erhalten und dieses Ergebnis auf ein leichtsinniges Verhalten des Gemeinschuldners zurückgeführt werden kann. § 187 S. 2. Als Leichtsinn gelten insbesondere die Vergeudung von Vermögen durch Wetten und Spiel etc., sowie die Eröffnung eines Geschäftsbetriebes ohne ausreichende finanzielle Dekkung oder ohne ausreichende Sachkunde.

Der Vergleich *ist auf Antrag* zu verwerfen,

— wenn er auf unlautere Weise, insbesondere durch Gläubigerbegünstigung oder Stimmenkauf, zustandegekommen ist. § 188 Abs. 1 Nr. 1;

— wenn der Vergleich dem gemeinsamen Interesse der betroffenen Gläubiger widerspricht; so insbesondere, wenn die im Verfahren zu erwartende Quote höher sein wird, als die vom Gemeinschuldner im Vergleich gebotene Quote. § 188 Abs. 1 Nr. 2.

Zur Antragstellung ist jeder stimmberechtigte, nicht bevorrechtigte Konkursgläubiger befugt; die behaupteten Tatsachen sind glaubhaft zu machen. § 188 Abs. 2.

Der Beschluß über Bestätigung oder Verwerfung des Vergleiches ist im Vergleichstermin oder in einem neuen, im Vergleichstermin zu bestimmenden Termin, zu verkünden. § 189. Er ist mit der befristeten Erinnerung anfechtbar. § 189 Abs. 1 und 2, § 11 RpflG.

Mit Rechtskraft des Bestätigungsbeschlusses wird das Verfahren aufgehoben. § 190 Abs. 1.

16.4. Rechtsnatur und Wirkungen des Zwangsvergleichs

Der Zwangsvergleich ist seiner Rechtsnatur nach ein Vertrag des Gemeinschuldners mit seinen nicht bevorrechtigten Gläubigern[208]. Das Angebot ist in dem im Termin unterbreiteten Vor-

[208] *J—W*, § 173 Anm. 14; *M—K*, § 173 Anm. 1; *Lent-Jauernig* § 58 VIII. Die früher einmal vertretene „Urteilstheorie“, die im Vergleich ein Urteil erblickte, hat sich nicht durchsetzen können; Hinweise bei *J—W*, a. a. O.

schlag zu erblicken, die Zustimmung der Gläubiger ist die Annahmeerklärung. Der Vertragsabschluß vollzieht sich allerdings nicht nach bürgerlich-rechtlichen Grundsätzen, sondern nach den verfahrensrechtlichen Regeln der Konkursordnung. Die Erklärungen und Anträge der Gläubiger sind deshalb keine nach privatrechtlichen Normen zu beurteilenden Willenserklärungen, sondern sie haben die Natur von Prozeßhandlungen[209]. Es sind deshalb auf sie die §§ 51, 56, 79 ff. ZPO anwendbar. Die Beurkundung des Vergleiches untersteht den §§ 159 ff. ZPO, damit entfallen alle im bürgerlichen Recht vorgeschriebenen besonderen Formen (so z. B. für die Erklärung der Übernahme der Vergleichsbürgschaft).

Der wirksam zustandegekommene und bestätigte Vergleich bindet — darin liegt sein Zwangscharakter — alle nicht bevorrechtigten Konkursgläubiger, unabhängig davon, ob sie am Verfahren teilgenommen oder wie sie abgestimmt haben. § 193. Ein im Vergleich vereinbarter Forderungserlaß läßt den erlassenen Teil als Naturalobligation zwar weiterbestehen[210], nimmt ihm aber zunächst die Erzwingbarkeit. Strittig ist, ob auch die in § 63 genannten Kosten und Zinsen (die ja am Konkurs nicht teilnehmen, somit keine Konkursforderungen sind), vom Vergleich ergriffen werden. Die h. M.[211] bejaht dies entgegen dem Wortlaut des § 193, der nur von Konkursgläubigern spricht, vermag aber außer Billigkeitserwägungen dafür nichts anzuführen. Mit *Pagenstecher-Grimm*[212] ist der gegenteiligen Ansicht zuzustimmen. Sie weisen insbesondere darauf hin, daß diese Ansprüche bereits während des Verfahrens, etwa zugunsten eines Dritten, dem sie abgetreten wurden, aus dem konkursfreien Vermögen des Gemeinschuldners beigetrieben werden können (vgl. oben Abschn. 9.5); es dürfte kaum möglich sein, daß der Gemeinschuldner mit den Gläubigern über den bereits erfüllten Anspruch eines nicht am Konkurs beteiligten Dritten einen Vertrag abschließt.

[209] *M—K*, § 173 Anm. 2; *B—St*, § 173 Anm. 1.

[210] RGZ 153, 342.

[211] *J—W*, § 193 Anm. 9; *M—K*, § 193 Anm. 3; B—St, § 193 Anm. 2.

[212] *P—Gr*, § 55 III (S. 160); ebenso Wolff § 193 Anm. 3.

Nicht berührt werden durch den Vergleich die Rechte eines Gläubigers gegen Mitschuldner, gegen Bürgen sowie aus dinglichen Sicherungsrechten[213] § 193 S. 2. Der Gläubiger kann also — ungeachtet des Vergleiches — z. B. die volle Schuldsumme von demjenigen verlangen, der sich für den Gemeinschuldner verbürgt hat; dies entspricht dem wirtschaftlichen Zweck der Bürgschaft, die den Gläubiger ja gerade vor den Folgen einer Zahlungsunfähigkeit seines Schuldners schützen soll. § 193 S. 2 ist also gegenüber § 767 Abs. 1 S. 2 BGB als lex spezialis vorrangig.

Die einem in Anspruch genommenen Dritten gegenüber dem Gemeinschuldner zustehenden Rückgriffsansprüche (§§ 426, 774 Abs. 1, 1143 Abs. 1, 1225 BGB) werden jedoch vom Vergleich erfaßt, weil sie ja — wenn auch zunächst nur bedingt durch die Inanspruchnahme seitens des Gläubigers — dem Mithaftenden (Bürgen, Mitschuldner, Grundstückseigentümer) bereits im Zeitpunkt der Konkurseröffnung als Konkursforderung zustanden. Die in voller Höhe in Anspruch genommenen Mithaftenden können sich somit nur in Höhe der durch den Vergleich geminderten Regreßforderung an den Gemeinschuldner halten[214].

16.5. Die Beseitigung des Zwangsvergleichs

Nach seiner Bestätigung kann der Zwangsvergleich durch einen Gläubiger nur nach Maßgabe des § 196 wieder insoweit beseitigt werden, als der vergleichsweise Teilerlaß in Wegfall kommt, wenn der Vergleich durch „Betrug“ (d. i. arglistige Täuschung i. S. des § 123 BGB!) zustandegekommen ist. Wegen Nichterfüllung der im Vergleich übernommenen Verpflichtungen kann die Aufhebung des Vergleichs nicht verlangt werden. § 195. (Für den Genossenschaftskonkurs vgl. § 115 Abs. 2 Nr. 6 GenG.)

[213] Außer den in § 193 S. 2 ausdrücklich genannten Rechten bleiben auch die Rechte aus einem Eigentumsvorbehalt und aus einer Sicherungsübereignung unberührt, *M—K*, § 193 Anm. 12; *Serick* § 15 VI 2.

[214] Wegen der u. U. komplizierten Rechtslage bei Teilleistungen der Mitverpflichteten vgl. *P—Gr*, § 55 III (S. 161—163).

17. Die Beendigung des Verfahrens

17.1. Die einzelnen Fälle der Aufhebung und Einstellung

Das Konkursverfahren kann durch Aufhebung oder Einstellung beendigt werden.

Aufzuheben ist das Verfahren

— im Regelfall nach der Abhaltung des Schlußtermins (§ 163 Abs. 1),

— bei Zustandekommen eines Zwangsvergleichs nach dessen rechtskräftiger Bestätigung (§ 190 Abs. 1).

Einzustellen ist das Verfahren

— auf Antrag des Gemeinschuldners nach Ablauf der Anmeldefrist, sofern alle Gläubiger angemeldeter und festgestellter Forderungen zustimmen (§ 202 Abs. 1). Sind Forderungen zwar angemeldet, aber noch nicht festgestellt, so obliegt es dem pflichtgemäßen Ermessen des Gerichts, inwieweit es eine Zustimmung dieser Gläubiger für notwendig erachtet. Bereits vor Ablauf der Anmeldefrist kann das Gericht auf Antrag des Gemeinschuldners einstellen, wenn außer den zustimmenden Gläubigern weitere Gläubiger nicht ersichtlich sind (für den Konkurs der Genossenschaft vgl. § 116 GenG),

— sobald sich ergibt, daß die Masse nicht zur Deckung der Verfahrenskosten ausreichen wird, es sei denn, es wird ein entsprechender Betrag vorgeschossen (§ 204 Abs. 1).

Im Genossenschaftskonkurs vgl. §§ 110 Abs. 3, 105 GenG.

17.2. Die Wirkungen der Verfahrensbeendigung

Nach einer Einstellung oder Aufhebung des Verfahrens erlangt der Gemeinschuldner wieder die volle Verfügungsbefugnis über sein Vermögen. Die Gläubiger, die im Verfahren nicht oder nicht voll befriedigt worden sind, können nunmehr ihre Forderungen gegen den Gemeinschuldner wieder uneingeschränkt geltend machen. §§ 164 Abs. 1, 206 Abs. 2.

Da die Feststellung einer Forderung (sei es sogleich im Prüfungstermin oder später durch Überwindung der Widersprüche)

dem Gemeinschuldner gegenüber wie ein rechtskräftiges Urteil wirkt, findet — sofern er der Forderung nicht widersprochen hatte — nunmehr aus dem Tabelleneintrag gegen ihn die Zwangsvollstreckung statt. § 164 Abs. 2. Titel ist der vollstreckbare Auszug aus der Konkurstabelle; ein früherer Vollstreckungstitel über dieselbe Forderung wird aufgezehrt und bildet keine geeignete Grundlage mehr für eine Zwangsvollstreckung[215]. Wird trotzdem aus dem alten Titel vollstreckt, so kann dagegen gem. § 766 ZPO vorgegangen werden[216].

Ein Widerspruch lediglich des Gemeinschuldners hindert zwar die Feststellung der Forderung nicht (s. oben Abschn. 12.2.2), er hat jedoch zur Folge, daß der Gläubiger nach Konkursbeendigung nicht aus dem Tabelleneintrag seine Restforderung vollstrecken kann. Der Gläubiger muß in einem solchen Fall vielmehr die Forderung gegen den Gemeinschuldner gerichtlich geltend machen, dies kann er nach h. M. schon während des anhängigen Konkursverfahrens, u. U. durch Aufnahme eines unterbrochenen Rechtsstreites[217].

Ist ein Zwangsvergleich zustandegekommen, so ist gleichfalls der Auszug aus der Tabelle Vollstreckungstitel; durch den Vergleich werden jedoch der Betrag der zu vollstreckenden Forderung bestimmt sowie u. U. Bestimmungen über Zeitpunkt der Fälligkeit und Sicherstellung geschaffen. § 194. Der Einfluß des Vergleiches auf die Forderung ist deshalb in der vollstreckbaren Ausfertigung anzugeben. Voraussetzung ist die Rechtskraft des Bestätigungsbeschlusses.

Der Tabelleneintrag bildet — nach Maßgabe des Vergleichsinhalts — jedoch nicht nur einen Vollstreckungstitel gegen den Gemeinschuldner, sondern auch gegen die sog. Vergleichsgaranten (z. B. Bürgen). Entgegen § 771 BGB steht einem Vergleichsbürgen die Einrede der Vorausklage nur zu, wenn er sich

[215] RGZ 112, 300; 132, 115.
[216] *J—W*, § 164 Anm. 6; *Jamberg* BB 51, 970.
[217] RGZ 24, 407; *M—K*, § 144 Anm. 5, der auch richtig bemerkt, daß in einem solchen Prozeß wegen § 12 der Klageantrag auf Feststellung umgestellt werden muß (ebenso *B—St*, § 144 Anm. 4), während *P—Gr*, § 43 I (S. 128/129) auch einen auf Leistung lautenden Antrag für zulässig halten.

dieselbe ausdrücklich vorbehalten hat. Ist dies der Fall, so kann gegen den Bürgen auch nach Wegfall der Einrede (§ 773 Abs. 1 Nrn. 2—4 BGB) nicht gem. § 194 vollstreckt werden, sondern der Gläubiger muß ihn (auf Zahlung der Vergleichsquote) verklagen[218].

18. Der Nachlaßkonkurs

18.1. Allgemeines

Wir haben schon bei der Betrachtung der Konkursfähigkeit (s. oben Abschn. 3.1.2) festgestellt, daß auch über den Nachlaß eines Verstorbenen oder für tot Erklärten ein Konkursverfahren, der sog. Nachlaßkonkurs, eröffnet werden kann. Zweck des Verfahrens ist die Nachlaßminderung zur Haftungsbeschränkung (§ 1975 BGB).

Zuständig für das Konkursverfahren über einen Nachlaß ist ausschließlich das Amtsgericht, bei welchem der Erblasser z. Z. seines Todes seinen allgemeinen Gerichtsstand hatte. § 214.

Konkursgrund ist allein die Überschuldung (§ 215). Antragsberechtigt ist jeder Erbe, der Nachlaßverwalter und ein anderer Nachlaßpfleger, ein Testamentsvollstrecker und jeder Nachlaßgläubiger (§ 217). Vgl. zu den Antragsformalitäten Abs. 2 und 3 a. a. O. und §§ 219, 220.

18.2. Die Masse im Nachlaßkonkurs

Für den Umfang der Masse ist entscheidend der Zeitpunkt der Konkurseröffnung, nicht der des Erbfalles. Eine zwischenzeitliche Mehrung fällt in die Masse, was der Erbe zwischenzeitlich dem Nachlaß entnommen hat, gehört nicht mehr in die Masse. Den Ausgleich dafür schafft § 1978 Abs. 1 BGB, der der Masse einen Ersatzanspruch gegen den Erben einräumt, und zwar — je nach dem Zeitpunkt der Verfügung — i. V. mit § 681 S. 2 BGB oder § 667 BGB. Eine dingliche Surrogation findet nicht statt. § 1978 BGB ist nicht mehr anwendbar, sobald der Erbe unbeschränkt haftet, § 2013 BGB (s. unten Abschn. 18.5).

[218] *J—W*, § 194 Anm. 7; vgl. auch Klemmer KTS 60, 73.

Eine abweichende Regelung greift u. U. bei der Bezahlung von Nachlaßverbindlichkeiten durch den Erben Platz:

Beispiel 19:

A ist Erbe des B. Der Nachlaß beträgt 5000,— DM. A bezahlt am 1. 2. die Nachlaßforderungen des C in Höhe von 2000,— DM aus Mitteln des Nachlasses und des D in Höhe von 1000,— DM aus seinem Privatvermögen. Am 5. 2. melden sich die bisher nicht bekannt gewesenen Nachlaßgläubiger E und F mit Nachlaßforderungen in Höhe von insgesamt 4000,— DM. A bezahlt sie mit dem Rest des Nachlasses und wiederum aus seinem Privatvermögen.

§ 1979 BGB stellt den Grundsatz auf, daß eine Nachlaßschmälerung dann nicht nach § 1978 BGB zu ersetzen ist, wenn sie durch die Berichtigung einer Nachlaßverbindlichkeit entstand und der Erbe dabei annehmen durfte, der Nachlaß würde für alle Gläubiger ausreichen.

Die Zahlung an C fällt nach Sachlage wohl unter § 1979, d. h. A braucht die 2000,— DM nicht der Masse zu ersetzen, C ist endgültig befriedigt, er braucht am Verfahren nicht mehr teilzunehmen. Auch die Zahlung an D müßte die Masse gegen sich gelten lassen, weil auch für sie die Voraussetzung des § 1979 BGB gelten. Diese Zahlung hat A jedoch aus seinem Privatvermögen erbracht, das ja für Nachlaßverbindlichkeiten jetzt nicht mehr haftet. § 1978 Abs. 3 BGB i. V. mit §§ 670 bzw. 683 S. 1 BGB gibt A deshalb einen Ersatzanspruch gegen die Masse (hätte A sogleich mit Nachlaßmitteln bezahlt, hätte es bei dieser Bezahlung und der dadurch bewirkten Nachlaßminderung gem. § 1979 BGB sein Bewenden gehabt; § 1978 Abs. 3 schafft also hier einen gerechten Ausgleich!). Dieser Anspruch ist im Nachlaßkonkurs — der ratio des § 1978 Abs. 3 BGB entsprechend — eine Masseschuld. § 224 Nr. 1.

Die Zahlungen an E und F hätte A nicht mehr leisten dürfen, denn er hätte zu diesem Zeitpunkt erkennen müssen, daß der Nachlaß nicht mehr zur Deckung aller Nachlaßverbindlichkeiten ausreicht. Er wäre vielmehr in diesem Zeitpunkt gem. § 1980 Abs. 1 BGB verpflichtet gewesen, die Eröffnung des Konkursverfahrens zu beantragen. Da die Nachlaßgläubiger die Zahlungen an E und F nicht gegen sich gelten lassen brauchen (§ 1979 BGB!), muß A die 3000,— DM, die er dafür dem Nachlaß entnommen hat, nach der allgemeinen Regel des § 1978 BGB (die Ausnahme des § 1979 BGB greift ja nicht ein!) wieder ersetzen. Er tritt dann allerdings an die Stelle des E — § 225 Abs. 2 — und kann die Forderung nunmehr zum Verfahren anmelden. Hier allerdings handelt es sich natürlich nicht um eine Masseverbindlichkeit, A erhält — wie E, hätte er die Forderung selbst angemeldet — nur die Quote.

Die Zahlung an F hat A aus seinem Privatvermögen geleistet. Da die anderen Nachlaßgläubiger diese Leistung nicht gegen sich gelten zu lassen brauchen (§ 1979 BGB!), erhält A für sie auch keinen Ersatz aus der Masse. Er kann lediglich die Forderung anstelle des F anmelden (§ 225 Abs. 2) und erhält darauf die Quote.

Führen wir uns noch einmal die Systematik dieser auf den ersten Blick etwas verwirrenden Regelung vor Augen:

Zahlung einer Nachlaßverbindlichkeit

aus Nachlaßmitteln:	
a) gegen den Nachlaß wirksam (§ 1979 BGB)	Erbe ist befreit, Gläubiger ist endgültig befriedigt.
b) gegen den Nachlaß *nicht* wirksam	Erbe muß Nachlaß ergänzen, § 1978 BGB. Er kann als Konkursforderung anmelden, § 225 Abs. 2.
aus Privatmitteln:	
c) gegen den Nachlaß wirksam	Erbe hat Masseanspruch gem. §§ 1978 Abs. 3, 670, 683 BGB, 224 Nr. 1 KO.
d) gegen den Nachlaß *nicht* wirksam	Erbe erhält keinen Ersatz, er kann lediglich als Konkursforderung anmelden, § 225 Abs. 2.

Die Fälle sind jeweils „umgekehrt deckungsgleich“:

Hat der Erbe im Falle c) nicht — wie es sein Recht gewesen wäre — sofort aus dem Nachlaß bezahlt, so wird sein Privatvermögen wieder aus dem Nachlaß aufgefüllt, der Nachlaß ist dann in jedem Fall mit Wirkung gegen die anderen Nachlaßgläubiger rechtmäßig geschmälert.

Hat im Falle b) der Erbe den Nachlaß — zu Unrecht — geschmälert, so muß er ihn wieder auffüllen, hat er — im Falle d) — aus seinem Privatvermögen bezahlt, so bleibt es dabei. Endgültig geschmälert ist in jedem Fall das Privatvermögen des Erben; die Berichtigung von Nachlaßverbindlichkeiten angesichts der Überschuldung des Nachlasses ist privates Risiko des Erben. In jedem Fall bleibt ihm nur eine gewöhnliche Konkursforderung, er hat sozusagen die Forderung des Nachlaßgläubigers lediglich abgelöst.

18.3. Die Konkursgläubiger

Der Erbe, der im Nachlaßkonkurs als Träger der in der Masse vereinten Vermögenswerte und Verbindlichkeiten Gemeinschuldner ist[219], kann also, wie der vorstehende Abschnitt zeigt, zugleich Konkursgläubiger sein. So auch im folgenden

> *Beispiel 20:*
> A hat gegen B eine Forderung von 5000,— DM. B verstirbt und setzt A zu seinem Erben ein. Nach einiger Zeit wird der Nachlaßkonkurs eröffnet.

Durch das Zusammenfallen der Gläubiger- und Schuldnerposition in der Person des A erlosch die Forderung (sog. Konfusion). Mit der Eröffnung des Nachlaßkonkurses gilt diese Konfusion gem. § 1976 BGB als nicht eingetreten[220]; A kann die Forderung nunmehr im Konkurs geltend machen. § 225 Abs. 1.

Für Aufrechnungserklärungen zwischen Erbfall und Konkurseröffnung trifft § 1977 BGB unter gewissen Voraussetzungen eine ähnliche Regelung.

Konkursgläubiger sind jedoch insbesondere die sog. Nachlaßgläubiger. § 226 Abs. 1 (zum Begriff: § 1967 Abs. 2 BGB). In § 226 Abs. 2 Nr. 1—3 sind Ansprüche aufgeführt, die im Regelkonkurs nach § 63 von der Teilnahme ausgeschlossen sind; im

[219] RG Warn. 15, 27; BayOblG HRR 32, 1388. Vor dem Erbfall beziehen sich die vom Gemeinschuldner sprechenden Vorschriften (z. B. im Anfechtungsrecht) auf den Erblasser!

[220] Das gleiche gilt für die Konsolidation, vgl. *Staudinger-Lehmann*, § 1976 Anm. 6.

übrigen wird in Abs. 2 die Rangordnung des § 61 durch die nachrangige Einstufung der vorgenannten und anderer Ansprüche ergänzt. Diese nachrangigen Ansprüche sind zum Teil von der Verteilung bestimmter Massebestandteile ausgeschlossen. § 228.

18.4. Die Wirksamkeit von Zwangsvollstreckungen

Zwangsvollstreckungsmaßnahmen oder Maßnahmen der Arrestvollziehung, die nach dem Erbfall gegen den Nachlaß durchgeführt worden sind, gewähren im Nachlaßkonkurs kein Recht auf abgesonderte Befriedigung. § 221. Damit soll die Rechtslage wieder hergestellt werden, die zur Zeit des Erbfalles bestand. Eine nach dem Erbfall im Wege der einstweiligen Verfügung erlangte Vormerkung ist unwirksam. § 221 Abs. 2.

Die entgegen § 221 getroffenen Maßnahmen sind der Masse gegenüber unwirksam. Der Verwalter ist berechtigt, den betroffenen Gegenstand ohne Rücksicht auf das Pfändungspfandrecht oder die Vormerkung zugunsten der Masse zu verwerten[221]. Unterbleibt jedoch die Verwertung, so wird die Vollstreckungsmaßnahme nach Konkursbeendigung wieder voll wirksam.

Hat sich ein Nachlaßgläubiger bereits vor Konkurseröffnung aus dem Gegenstand voll befriedigt, so ist § 221 nicht mehr anwendbar und es hat dabei sein Bewenden.

Anders ist die Rechtslage jedoch, wenn sich ein Privatgläubiger des Erben aus einem (ihm jetzt nicht mehr haftenden) Massegegenstand befriedigt hat. Hier entsteht nach h. M. ein Bereicherungsanspruch der Masse gegen den Gläubiger; er wird so behandelt, als habe er aus fremdem Vermögen Befriedigung erlangt[222].

18.5. Besonderheiten bei unbeschränkter Erbenhaftung

Haftet der Erbe allen Gläubigern gegenüber unbeschränkt (§ 1994 Abs. 1 .S 2, § 2005 BGB), so steht ihnen dessen Privatvermögen nunmehr gleichfalls zur Verfügung[223].

[221] RGZ 157, 295; *M—K*, § 221 Anm. 6.
[222] *J—W*, § 221 Anm. 6; *M—K*, § 221 Anm. 2.
[223] Für die bereits vorher „zurückgesetzten" Gläubiger des § 226 Abs. 4 gilt allerdings eine Beschränkung, vgl. §§ 2013 Abs. 1 S. 2, 1973 Abs. 2 S. 1 BGB.

Eine Zwangsvollstreckung in das Privatvermögen wird durch § 14 nicht ausgeschlossen, weil der Erbe nur in seiner Eigenschaft als Träger des Nachlasses im Nachlaßkonkurs Gemeinschuldner ist[224]. Ein solches „Ausweichen“ auf das Privatvermögen liegt sogar im Interesse des Nachlaßkonkurses, weil ja der unbeschränkt haftende Erbe nicht gem. § 225 Abs. 2 in die Forderungen der Gläubiger eintritt, die Masse also in einem solchen Fall „entlastet“ wird.

Wird auch über das Privatvermögen des Erben ein (gesonderter) Konkurs eröffnet, so können sich die Nachlaßgläubiger auch an diesem Verfahren beteiligen. Sie haben also zwei Massen, die zur Befriedigung ihrer Forderung zur Verfügung stehen, während die Privatgläubiger des Erben sich nur am Konkurs über das Privatvermögen beteiligen können. Sie sind somit von vornherein in einer ungünstigeren Position; § 234 Abs. 1 schreibt deshalb zum Ausgleich vor, daß die Nachlaßgläubiger im Konkurs über das Privatvermögen nur für den Teil ihrer Forderung befriedigt werden, mit dem sie im Nachlaßkonkurs ausfallen oder für den sie dort auf Befriedigung verzichten. Dies gilt jedoch nicht für sog. „Nachlaß-Eigenschulden“[225], für sie gilt der Grundsatz der Doppelberücksichtigung des § 68[226].

19. Der Konkurs der offenen Handelsgesellschaft und der Kommanditgesellschaft

19.1. Der Konkurs der Gesellschaft

Zwar ist die OHG eine Sonderform der Gesellschaft des bürgerlichen Rechts, ungeachtet dessen werden beide jedoch im Konkursverfahren unterschiedlich behandelt: Während die BGB-Gesellschaft nicht konkursfähig ist (vgl. oben Abschn. 3.1.2), kann über das Vermögen einer OHG ein eigenes Konkursverfahren eröffnet werden, § 209, das die Auflösung der Gesellschaft zur Folge hat. § 131 Nr. 3 HGB.

[224] *J—L*, § 14 Anm. 23; *P—Gr*, § 65, Anm. VI.
[225] Zum Begriff vgl. RGZ 146, 343; *Bartolomeyczik*, § 50 VI.
[226] *J—W*, § 234 Anm. 7.

Aus dem Nebeneinander der Haftung von Gesellschaft und Gesellschafter und aus der strikten vollstreckungsrechtlichen Trennung ihrer Vermögensmassen (§ 129 Abs. 4 HGB!), ergeben sich für den Konkurs der OHG einige wichtige Fragen:

Gemeinschuldner im Konkurs der OHG sind alle Gesellschafter[227]; die dem Gemeinschuldner zustehenden Rechte und Pflichten können daher grundsätzlich nur gemeinschaftlich ausgeübt werden (vgl. z. B. § 211 Abs. 1), jedoch kann jeder persönlich haftende Gesellschafter allein

die Eröffnung beantragen (§ 210 Abs. 1),
Beschwerde gegen die Eröffnung einlegen und
eine angemeldete Forderung bestreiten[228]
oder gegen die Schlußrechnung Einwendungen erheben[229].

Masse ist das gesellschaftsgebundene Sondervermögen zum Zeitpunkt der Verfahrenseröffnung, einschließlich etwaiger Einlagerückstände, nicht jedoch der den Einlagerückstand übersteigende Passivsaldo eines Gesellschafters. Nicht zur Masse gehört das Privatvermögen der einzelnen Gesellschafter.

Konkursgläubiger sind alle persönlichen Gläubiger der Gesellschaft. Aus dem Nebeneinander von Gesellschafts- und Gesellschaftervermögen ergibt sich deshalb auch die Möglichkeit einer Gläubigerstellung einzelner Gesellschafter:

Die Gesellschafter können mit der Gesellschaft wie eine dritte Person Rechtsgeschäfte abgeschlossen haben (Beispiel: Gesellschafter A vermietet der OHG sein Haus zur Einrichtung der Geschäftsräume);
Die Gesellschafter können für die Gesellschaft Aufwendungen erbracht haben (Beispiel: Gesellschafter A zahlt eine Schuld der OHG). Der Ersatzanspruch nach § 110 HGB kann im Konkursverfahren angemeldet werden.

Konkursgläubiger kann auch ein vor Konkurseröffnung ausgeschiedener Gesellschafter wegen seines Anspruches auf das Auseinandersetzungsguthaben sein; nicht jedoch die nicht aus-

[227] BGHZ 34, 297.
[228] *B—St*, § 209 Anm. 4.
[229] *J—W*, § 209 Anm. 23.

geschiedenen Gesellschafter hinsichtlich ihrer Gesellschafts- oder Gewinnanteile.

Die Gläubiger sind nicht gehindert, während des gegen die Gesellschaft anhängigen Konkursverfahrens auch in das Privatvermögen der Gesellschafter zu vollstrecken, sofern sie den dazu erforderlichen Titel gegen die einzelnen Gesellschafter (§ 129 Abs. 4 HGB) erwirkt haben. § 14 findet keine Anwendung, weil die Gesellschafter nur in Ansehung des Gesellschaftsvermögens Gemeinschuldner sind[230].

Wird im Gesellschaftskonkurs eine Forderung festgestellt, so kann nach Verfahrensbeendigung nicht mit dem vollstreckbaren Tabellenauszug gegen die einzelnen Gesellschafter vollstreckt werden; § 129 Abs. 4 HGB gilt auch für diesen Fall. Wird der Gesellschafter jedoch vom Gläubiger einer solchen Forderung verklagt, so kann er nur noch die Einwendungen geltend machen, die in seiner Person begründet sind. § 129 Abs. 1 HGB.

Auch aus einem mit der Gesellschaft abgeschlossenen Zwangsvergleich kann nicht in das Vermögen der Gesellschafter vollstreckt werden[231]. Der Zwangsvergleich wirkt sich jedoch insoweit materiellrechtlich aus, als er nach § 211 Abs. 2 den Umfang der persönlichen Haftung der Gesellschafter beschränkt. Nicht berührt wird durch die Vorschrift jedoch die dingliche Haftung eines Gesellschafters oder die Haftung aus einem gesonderten Bürgschaftsversprechen[232]; für diese Fälle verbleibt es bei der Regel des § 193 S. 2.

19.2. Der Konkurs eines Gesellschafters

Wird nur über das Vermögen eines Gesellschafters der Konkurs eröffnet, so hat auch dies die Auflösung der Gesellschaft zur Folge. § 131 Nr. 5 HGB.

Die Folge der Auflösung ist in diesem Fall, daß zunächst — außerhalb des Konkursverfahrens, § 16 Abs. 1 — die Auseinandersetzung des Gesellschaftsvermögens durchzuführen ist. Diese Regelung ist für die Privatgläubiger des Gesellschafters (solche Gläubiger also, die ihre Forderung nicht gleichzeitig

[230] BGH WM 56, 1537.
[231] *J—W*, § 211 Anm. 3.
[232] RGZ 139, 253.

auch gegen die Gesellschaft erheben können!) von einschneidender Bedeutung: Aus dem Geschäftsanteil des Gemeinschuldners an der Gesellschaft werden zunächst die Gesellschaftsschulden (mit) bezahlt. § 149 HGB; erst der dann noch verbleibende Rest fällt in die Konkursmasse des Gemeinschuldners[233]. Gesellschaftsgläubiger werden somit im Konkurs eines Gesellschafters praktisch vorweg befriedigt[234].

Der nach der Auseinandersetzung des Gesellschaftsvermögens in die Masse des Gesellschafterkonkurses fließende Nettoanteil kann jedoch noch mit Absonderungsrechten der ehemaligen Mitgesellschafter wegen deren sich auf das Gesellschaftsverhältnis gründenden Forderungen belastet sein. § 51. Als solche Forderungen gelten z. B. die Ansprüche auf Ausgleichung, Verwendungsersatz oder auf Auszahlung rückständiger Gewinnanteile.

19.3. Das Nebeneinander von Gesellschafts- und Gesellschafterkonkurs

Sind über die Vermögen der Gesellschaft und der (des) Gesellschafter(s) nebeneinander Konkursverfahren eröffnet, so können die Gläubiger der Gesellschaft im Privatkonkurs ihre Forderungen zwar voll anmelden, werden jedoch nur in Höhe des Ausfalles befriedigt, den sie im Gesellschaftskonkurs erleiden. § 212 Abs. 1 und 3. Ist über das Vermögen aller Gesellschafter neben dem Gesellschaftskonkurs noch der Privatkonkurs eröffnet, so können die Gesellschaftsgläubiger ihre Ausfallforderungen in allen Gesellschafterkonkursen nach Maßgabe des Doppelberücksichtigungsgrundsatzes (§ 68) anmelden[235].

[233] BGHZ 23, 307/314.

[234] Vgl. den instruktiven Fall Nr. 18 bei *Baur*, Fälle, S. 82. Er betrifft zwar eine BGB-Gesellschaft, die Rechtslage ist jedoch bei der OHG insoweit die gleiche. Unterschiedlich ist freilich die Lösung des von *Baur* weiter angesprochenen Problems der Konkurseröffnung gegen alle Gesellschafter, vgl. *M—K*, § 16 Anm. 10. Zur gesamten Problematik ausf. *Schmitz-Beuting* KTS 57, 35.

[235] Vgl. dazu ausf: *Kranz* BB 53, 670. Wegen der konkursmäßigen Haftung eines ausgeschiedenen Gesellschafters s. *P—Gr*, § 67 IV Fußn. 8.

19.4. Die Stellung des Kommanditisten im Konkurs der KG

Im Konkurs einer Kommanditgesellschaft ergeben sich durch die Besonderheit der beschränkten Haftung der Kommanditisten einige Besonderheiten:

Hat ein Kommanditist seine Pflichteinlage noch nicht oder noch nicht voll erbracht, so zieht nunmehr der Verwalter die Einlage zur Masse. § 171 Abs. 1 und 2 HGB.

Ist ein Kommanditist vor Konkurseröffnung ausgeschieden und hat beim Ausscheiden seine Einlage zurückerhalten, so gilt die zurückbezahlte Einlage solchen Gläubigern gegenüber als nicht geleistet, deren Forderungen zum Zeitpunkt des Ausscheidens bereits begründet waren (sog. „Altgläubiger"). § 172 Abs. 4 S. 1 HGB[236]. Der Konkursverwalter zieht somit auch diese seinerzeit zurückbezahlte Einlage wieder zur Masse ein, jedoch ist zu beachten, daß dieser eingezogene Betrag nicht allen Konkursgläubigern, sondern nur den sogenannten Altgläubigern zugutekommen darf. Der Konkursverwalter hat also mit diesem Betrag eine Sondermasse für die Altgläubiger zu bilden[237].

Auch für den nicht ausgeschiedenen Kommanditisten gilt § 211 Abs. 2, jedoch nur in der Form, daß die einzelnen Gläubiger ihre Forderung in der durch den Vergleich geminderten Höhe geltend machen können und dadurch mehr Gläubiger zum Zuge kommen; der Kommanditist ist aber nicht davor geschützt, seinen laut Gesellschaftsvertrag vereinbarten Haftungsbetrag in voller Höhe den Gläubigern ausfolgen zu müssen[238].

Auf ausgeschiedene Kommanditisten findet § 211 Abs. 2 *keine* Anwendung, für sie gilt vielmehr § 193 S. 2. Die Altgläubiger können somit, solange der Haftungsbetrag noch nicht aus-

[236] Vgl. *Unger* KTS 60, 37.

[237] Die Forderungen der Altgläubiger gehen, soweit sie befriedigt worden sind, auf den ausgeschiedenen Kommanditisten mit allen Vorrechten gem. § 426 Abs. 2 BGB über. Sind alle Altgläubiger befriedigt, so kann der Gesellschafter diesen Anspruch im Konkurs anmelden; vgl. *P—Gr*, § 67 IV (S. 225).

[238] *P—Gr*, § 67 IV; *J—W*, § 211 Anm. 4; *a. A.* (jedoch im Ergebnis übereinstimmend): BGH MDR 70, 827; *M—K*, § 211 Anm. 8; *B—St*, § 211 Anm. 2.

geschöpft ist, jede einzelne Forderung in voller Höhe aus diesem Haftungsbetrag befriedigen.

Der Unterschied ist also folgender:

> Der nicht ausgeschiedene Kommanditist haftet bis zur Erschöpfung der Haftsumme allen Gesellschaftsgläubigern, jedoch jedem nur für dessen durch den Vergleich verkürzte Forderung;
> der ausgeschiedene Kommanditist haftet nur den Altgläubigern, diesen aber für deren unverkürzte Forderungen, gleichfalls bis zur Erschöpfung der Haftsumme.

Der Haftungsbetrag als solcher (§§ 171 Abs. 1 und 172 Abs. 4 HGB) wird durch den Zwangsvergleich nicht berührt.

Teil II. Das Vergleichsverfahren

(Zitierte Paragraphen ohne Gesetzesangabe sind solche der Vergleichsordnung)

1. Der Zweck des Vergleichsverfahrens

Wie bereits bei der Besprechung des Zwangsvergleiches im Konkursverfahren festzustellen war (s. oben Teil I Abschn. 16.1), ist das Konkursverfahren in seinen Folgen häufig für alle Beteiligten unbefriedigend: „Der Konkurs ist ein Wertvernichter schlimmster Art“ *(Jaeger)*. Gewiß können diese Folgen durch den Abschluß eines Zwangsvergleiches weitgehend vermieden werden, jedoch treten — da ja der Zwangsvergleich erst nach dem allgemeinen Prüfungstermin möglich ist (§ 173 KO) — bis zu diesem Zeitpunkt bereits viele und schwerwiegende andere Folgen ein, erwähnt seien nur die mit der Konkurseröffnung einhergehende Kreditschädigung und die mit dem Verlust der Verfügungsbefugnis verbundenen Einschränkungen in der persönlichen und geschäftlichen Handlungsfreiheit. Auch diese Nachteile können vermieden werden, wenn man es dem Schuldner gestattet, nicht erst in einem bereits weit fortgeschrittenen Stadium des Konkursverfahrens, sondern von Anfang an — in einem eigenen Verfahren — einen Vergleich mit seinen Gläubigern anzustreben, der es ihm insbesondere ermöglicht, seinen Geschäftsbetrieb, meist die Grundlage seiner Existenz, zu erhalten.

Dieser Zweck könnte zwar auch durch einen außergerichtlichen Vergleich erreicht werden, er hat jedoch verschiedene Nachteile:

— Bereits die verweigerte Zustimmung eines Gläubigers kann den Vergleich gefährden; der gerichtliche Vergleich jedoch kommt durch bindende Mehrheitsentscheidung zustande (s. unten Abschn. 10);

— wenn der Schuldner den außergerichtlichen Vergleich nicht einhält, haben die Gläubiger keinen Vollstrekkungstitel in der Hand, sie müssen dann erst den Schuldner einzeln verklagen; im Vergleichsverfahren kann aus dem wirksam gewordenen Vergleich die Zwangsvollstreckung betrieben werden (s. unten Abschn. 11.3);

— der außergerichtliche Vergleichsabschluß vollzieht sich mit jedem Gläubiger gesondert, von Bevorzugungen einzelner Gläubiger erfahren die anderen oft gar nichts; der gerichtliche Vergleich wird in einem Verfahren unter Aufsicht des Gerichts und nach strengen Regeln, die insbesondere die Gleichbehandlung aller Gläubiger sichern sollen, abgeschlossen.

2. Grundsätze des Vergleichsverfahrens

Die VerglO lehnt sich in vielem an die KO an. Deshalb ist es nicht erforderlich, sie im folgenden so eingehend und detailliert zu behandeln, wie dies in Teil I mit der KO geschehen mußte. Es wird vielmehr genügen, die tragenden Unterschiede zum materiellen und formellen Konkursrecht zu erkennen und einen Überblick über den Verfahrensablauf zu gewinnen.

Zunächst bedürfen einige *Verfahrensgrundsätze* der Betrachtung:

2.1. Der Amtsermittlungsgrundsatz

Das Verfahren wird zwar durch einen Antrag des Schuldners eingeleitet (s. unten Abschn. 3.1), dann jedoch von Amts wegen betrieben. Das Gericht hat, ohne an Anträge oder Anregungen der Beteiligten gebunden zu sein, alle ihm notwendig erscheinenden Ermittlungen von Amts wegen durchzuführen (§ 116), sofern nicht — in Ausnahmefällen — gewisse Entscheidungen (§§ 2, 13, 48 Abs. 2, 71 Abs. 2, 77 Abs. 1 und 2) ausdrücklich von einer Antragstellung abhängig sind.

2.2. *Erlaß und Zustellung von Entscheidungen*

Das Vergleichsgericht trifft seine Entscheidungen in der Form von Verfügungen oder Beschlüssen, die regelmäßig ohne mündliche Verhandlung ergehen (§ 117) und von Amts wegen durch Aufgabe zur Post zugestellt werden. § 118, §§ 175, 213 ZPO. Ist eine öffentliche Bekanntmachung ausdrücklich vorgeschrieben (§§ 11, 12, 15, 19 Abs. 5, 22, 60, 65, 81, 95, 96 Abs. 6, 98 Abs. 3, 101), so geschieht diese, wie im Konkursverfahren, durch mindestens einmalige Einrückung in das für amtliche Bekanntmachungen ausgewählte Blatt. § 119 Abs. 2.

2.3. *Anfechtung von Entscheidungen*

Die Entscheidungen des Vergleichsgerichts sind — im Gegensatz zum Konkursverfahren — grundsätzlich unanfechtbar. Nur wenn das Gesetz ausdrücklich die Anfechtbarkeit zuläßt, ist ein Rechtsmittel gegeben. § 121 Abs. 1.

Ausdrücklich als anfechtbar bezeichnet sind Entscheidungen

- durch die zugleich über die Konkurseröffnung entschieden wird (§§ 19 Abs. 2, 80 Abs. 3, 101, 96 Abs. 6),
- welche die Festsetzung von Gebühren und Auslagen betreffen (§§ 43 Abs. 3, 45 Abs. 2),
- mit denen gegen den Verwalter eine Ordnungsstrafe festgesetzt wird (§ 41 Abs. 4).

Anfechtbar sind ferner Entscheidungen, die ihre Rechtsgrundlage nicht in der VerglO, sondern in einem anderen Gesetz (ZPO, GVG etc.) haben, also z. B. Entscheidungen über die Ablehnung des Gerichts, die Wertfestsetzung, über sitzungspolizeiliche Maßnahmen usw. Sie sind nach den für sie geltenden Vorschriften zu behandeln[239].

Wegen der grundsätzlichen Zuständigkeit des Rechtspflegers für das gesamte Verfahren nach dessen Eröffnung (s. dazu unten Abschn. 5.1) ist das vom Gesetzgeber mit der weitgehenden Ausschließung von Rechtsmitteln angestrebte Ziel einer

[239] Die h. M. hält ferner für anfechtbar Entscheidungen des Gerichts nach Maßgabe der §§ 13, 48 Abs. 2, wenn der Vollstreckungsgläubiger in Wirklichkeit kein Vergleichsgläubiger ist (vgl. unten Abschn. 6.2).

tunlichen Beschleunigung des Verfahrens teilweise in Frage gestellt, weil § 11 Abs. 1 S. 2 RpflG vorsieht, daß *alle* Entscheidungen des Rechtspflegers mit der Erinnerung angefochten werden können, und zwar auch dann, wenn die einzelne Entscheidung, hätte sie der Richter getroffen, unanfechtbar wäre[240]. In diesen Fällen kann der Richter die Erinnerung jedoch nicht dem Beschwerdegericht als sog. Durchgriffserinnerung[241] vorlegen, sondern er muß selbst in der Sache entscheiden. § 11 Abs. 2 S. 3 RpflG.

In § 11 Abs. 5 RpflG sind jedoch einige Entscheidungen im Vergleichsverfahren ausdrücklich auch dann für unanfechtbar erklärt, wenn sie durch den Rechtspfleger getroffen worden sind[242]. Auf sie wird noch im einzelnen einzugehen sein.

3. Die Voraussetzungen des Verfahrens

3.1. Der Vergleichsantrag

Das Vergleichsverfahren wird nur auf Antrag eröffnet; antragsberechtigt ist ausschließlich der Schuldner. § 2 Abs. 1 S. 2.

Da das Vergleichsverfahren eine besondere Art des bürgerlichen Rechtsganges, wenn auch der streitigen Gerichtsbarkeit nicht zugehörig[243], darstellt, finden in ihm die Vorschriften der ZPO entsprechende Anwendung. § 115.

Der Antrag als Prozeßhandlung setzt deshalb Prozeßfähigkeit des Antragstellers voraus. § 52 ZPO. Prozeßunfähige müssen durch ihren gesetzlichen Vertreter handeln, eine vormundschaftsgerichtliche Genehmigung ist für den Antrag nicht erforderlich[244].

Zuständiges Gericht (Vergleichsgericht) ist das für die Konkurseröffnung zuständige Gericht (vgl. Teil I Abschn. 3.1.1).

[240] Vgl. dazu *Eickmann-Riedel*, § 11 Anm. 3 c.

[241] Zum Begriff s. *Eickmann-Riedel*, § 11 Anm. 1 c und 12 b.

[242] *Herbst*, § 11 Anm. 2 d hält diese Regelung im Hinblick auf Art. 19 Abs. 4 GG für verfassungswidrig.

[243] *B—St*, § 115 Anm. 1. Nach *Bl—M*, § 2 Anm. 38 soll das Vergl.-Verfahren ein Verfahren der Freiwilligen Gerichtsbarkeit sein.

[244] *B—St*, § 2 Anm. 2.

Weitere Voraussetzungen sind (§ 2 Abs. 1 S. 3):

Vergleichsfähigkeit	(= Konkursfähigkeit, vgl. Teil I Abschn. 3.1.2)
Vergleichsgrund	(= Konkursgrund, vgl. Teil I Abschn. 3.1.3.)

sowie ein formgerechter *Antrag*. Dazu vgl. §§ 3—6.

3.2. Der Vergleichsvorschlag

Gemäß § 3 Abs. 1, § 7, § 8 muß der Antrag einen bestimmten *Vergleichsvorschlag* enthalten, Alternativvorschläge sind unzulässig[245]. In der Regel handelt es sich um einen sog. Erlaßvergleich, bei dem der Schuldner den Gläubigern einen bestimmten Bruchteil ihrer Forderungen gegen Erlaß der Restforderung anbietet. Der Mindestsatz, den der Vorschlag den Gläubigern anbieten muß, ist 35 % ihrer Forderungen. § 7 Abs. 1 S. 2. Er erhöht sich auf 40 %, wenn der Schuldner zur Erfüllung des Vergleichs einen längeren Zeitraum als ein Jahr beansprucht, § 7 Abs. 2 S. 1; eine Zahlungsfrist von mehr als achtzehn Monaten kann der Schuldner nur für einen 40 % übersteigenden Betrag in Anspruch nehmen. § 7 Abs. 2 S. 2.

Zulässig ist auch ein sog. Liquidationsvergleich, der darin besteht, daß der Schuldner sein Vermögen ganz oder zum Teil den Gläubigern zur Verwertung überläßt, wobei der durch die Verwertung nicht zu deckende Teil der Forderung erlassen sein soll. Auch für einen solchen Vergleich besteht das Erfordernis der Mindestquote. § 7 Abs. 4. Durchgeführt wird der Liquidationsvergleich meist durch einen Treuhänder, dem die Verwertung des schuldnerischen Vermögens und die Verteilung des Erlöses unter die Gläubiger obliegt[246].

Zuweilen sieht der Vergleich eine Nachzahlungspflicht (Leistung einer Zusatzquote) vor, wenn sich die Vermögensverhält-

[245] *V—N*, § 3 II 2; *Schumann* KuT 41, 51.

[246] Zu Einzelfragen des Liquidationsvergleiches, seiner Durchführung und seinen Folgen vgl. *Baur*, Betr. 58, 1237 und *Skrotzki* KTS 58, 39.

nisse des Schuldners wieder normalisiert und gebessert haben (sog. Besserungsklausel)[247].

Der Vergleich muß grundsätzlich allen von ihm betroffenen Gläubigern (s. dazu unten Abschn. 9) gleiche Rechte gewähren. § 8 Abs. 1. Abweichungen bedürfen einer zustimmenden Kopf- und Summenmehrheit der zurückgesetzten Gläubiger. § 8 Abs. 2.

4. Das Verfahren bis zur Eröffnung

4.1. Die Ermittlungen

Ähnlich wie im Konkursverfahren hat das Gericht nach Eingang des Antrages zunächst zu ermitteln, ob die Voraussetzungen der Verfahrenseröffnung vorliegen.

Etwas anderes gilt dann, wenn einer der in den §§ 17 und 18 genannten Ablehnungsgründe vorliegt und seine Beseitigung selbst innerhalb einer Nachfrist (§ 10) nicht möglich oder nicht zu erwarten ist. In einem solchen Fall hat das Gericht den Antrag sofort zurückzuweisen.

Liegt ein Ablehnungsgrund nicht vor, so bestellt das Gericht einen vorläufigen Verwalter und veröffentlicht die Tatsache der Antragstellung und den Namen des vorläufigen Verwalters. §§ 11 Abs. 1, 119. Der vorläufige Verwalter hat die Aufgabe, den Schuldner im Interesse der Sicherung einer für die Gläubiger möglichst günstigen Vermögenslage zu überwachen, die wirtschaftlichen Verhältnisse des Schuldners genau zu prüfen und sich dem Gericht gegenüber zu äußern, ob der vorgeschlagene Vergleich mit der Vermögenslage des Schuldners in Einklang zu bringen ist und ob er voraussichtlich erfüllt werden kann.

Irgendeine unmittelbare Verwaltungs- oder Verfügungsbefugnis steht dem vorläufigen Verwalter nicht zu.

4.2. Die Anordnung von Sicherungsmaßnahmen

Ebenso wie im Konkursverfahren besteht häufig in der Zeit bis zur Entscheidung über die Eröffnung ein Bedürfnis nach

[247] Vgl. dazu ausf. *Künne* KTS 68, 201.

Sicherungsvorkehrungen gegen eine den Gläubigern nachteilige Veränderung in der Vermögenslage des Schuldners. Das Gericht kann deshalb Sicherungsmaßnahmen treffen. § 12. Das Gericht kann dabei insbesondere Verfügungsbeschränkungen anordnen, und zwar

sowohl Verfügungsverbote über *einzelne* Vermögensgegenstände

als auch ein *allgemeines* Veräußerungsverbot.

Für sie gelten nicht etwa §§ 135, 136 BGB, sondern die Sondervorschriften der §§ 59—65, die in anderem Zusammenhang noch ausführlich behandelt werden (vgl. unten Abschn. 7.2). Ferner kann das Gericht anordnen, daß der Schuldner Verbindlichkeiten nur mit Zustimmung des vorläufigen Verwalters eingehen und daß nur dieser Zahlungen annehmen und leisten darf. Ein Verstoß des Schuldners gegen diese Anordnung hat zwar keinen Einfluß auf die Wirksamkeit der vorgenommenen Geschäfte (sofern nicht gleichzeitig ein Veräußerungsverbot angeordnet ist!), jedoch muß in einem solchen Fall die Eröffnung des Verfahrens abgelehnt werden. § 17 Nr. 9.

4.3. Die Einstellung anhängiger Zwangsvollstreckungsmaßnahmen

Ebenso wie gewisse Verfügungen des Schuldners sollen auch Einzelzwangsvollstreckungen von Gläubigern möglichst vermieden werden, weil sie dem Verfahrenszweck zuwiderlaufen. Das Gericht kann deshalb auf Antrag des vorläufigen Verwalters (nicht auch des Schuldners!) anhängige einzelne Zwangsvollstreckungsmaßnahmen auf die Dauer von längstens sechs Wochen einstweilen einstellen. § 13.

Voraussetzung dafür ist:

— daß der Antrag auf Verfahrenseröffnung nicht von vornherein aussichtslos erscheint (§ 15),

— daß der die Vollstreckung betreibende Gläubiger ein Vergleichsgläubiger ist (§ 25, vgl. dazu unten Abschn. 9) oder die Vollstreckung wegen einer Geldstrafe oder wegen eines Anspruches aus einer schuldnerischen Freigebigkeit betreibt (§ 29 Nrn. 3, 4),

— daß die Einstellung für das Ergebnis der Veräußerung von Vorteil oder zur Vermeidung eines den Vergleichsgläubigern drohenden Nachteils unerläßlich ist.

§ 13 gilt auch für die Vollziehung eines Arrestes oder einer einstweiligen Verfügung. § 124

Auch die Entscheidung nach § 13 ist, da ihre Anfechtbarkeit nicht ausdrücklich im Gesetz angeordnet wird, unanfechtbar.

Ausnahmen sind nach h. M. jedoch dann zuzulassen, wenn das Vergleichsgericht die ihm durch § 13 eingeräumten Kompetenzen überschreitet, so z. B. wenn die Anordnung getroffen wird gegen einen Gläubiger, der weder Vergleichsgläubiger ist, noch unter § 29 Nr. 3 oder 4 fällt, oder wenn die Einstellung für einen längeren Zeitraum als sechs Wochen angeordnet wird[248].

4.4. Die Ablehnung des Vergleichsantrages

Liegt einer der in den §§ 17 und 18 genannten Tatbestände vor, so ist die Eröffnung des Verfahrens abzulehnen. Zugleich mit dieser Entscheidung ist zu prüfen, ob die Voraussetzungen für die Eröffnung des Konkursverfahrens vorliegen (§ 19 Abs. 1); ist dies der Fall, so ist von Amts wegen das Konkursverfahren zu eröffnen; man nennt einen solchen Konkurs, weil er sich an ein gescheitertes Vergleichsverfahren anschließt, einen sog. „Anschlußkonkurs". § 102 Abs. 1 (Vgl. dazu unten Abschn. 14.)

Die Ablehnung der Eröffnung ist für sich allein nicht anfechtbar, jedoch kann die Entscheidung über die Eröffnung des Anschlußkonkurses mit der sofortigen Beschwerde angefochten werden. § 19 Abs. 2. Im Rahmen dieser Beschwerde kann auch geltend gemacht werden, daß die Eröffnung des Vergleichsverfahrens zu Unrecht abgelehnt worden sei. Das Beschwerdegericht kann, hält es dieses Vorbringen für berechtigt, unter Aufhebung der Konkurseröffnung selbst das Vergleichsverfahren eröffnen oder nach § 575 ZPO verfahren.

[248] Die Maßnahmen sind dann gem. § 793 ZPO anfechtbar, so *B—St*, § 13 Anm 5; *Künne* KTS 55, 78. *A. A. V—N*, § 13 II 2; LG Darmstadt MDR 57, 492.

5. Die Eröffnung des Vergleichsverfahrens

5.1. Die funktionelle Zuständigkeit im Vergleichsverfahren

Die funktionelle Zuständigkeit im Vergleichsverfahren ist ähnlich geregelt wie im Konkursverfahren:

Nach § 3 Nr. 2 Buchst. f RpflG gehört auch das Vergleichsverfahren in den Bereich der sog. Vorbehaltsübertragungen. § 19 Abs. 1 RpflG bestimmt, daß dem Richter vorbehalten sind

das Verfahren bis zur Entscheidung über den Eröffnungsantrag,

die Entscheidung über den Eröffnungsantrag selbst und die Ernennung des Vergleichsverwalters.

Nach der Eröffnung besteht die (nur durch § 4 RpflG eingeschränkte) umfassende Zuständigkeit des Rechtspflegers.

Auch hier kann der Richter ein Verfahren sich durch ausdrücklichen Entscheid vorbehalten, das vorbehaltene Verfahren übertragen und wieder an sich ziehen. § 19 Abs. 2 RpflG.

5.2. Der Eröffnungsbeschluß

Das Vergleichsverfahren wird durch Beschluß eröffnet; der Inhalt dieses Beschlusses ergibt sich aus §§ 20 und 21. Er wird öffentlich bekanntgegeben (§§ 22, 119), daneben sind der Schuldner, die aus dem vorgelegten Gläubigerverzeichnis (§ 6) ersichtlichen Gläubiger und der Verwalter durch gesonderte Zustellung (§ 118) zum Vergleichstermin zu laden.

6. Die Wirkungen der Eröffnung

Auch die Eröffnung des Vergleichsverfahrens äußert wichtige Rechtsfolgen, wenngleich — wie wir noch sehen werden — sie für den Schuldner wesentlich weniger einschneidend ist, als die Eröffnung des Konkursverfahrens.

6.1. Das Konkursverbot

Wird vor der Entscheidung über einen Antrag auf Konkurseröffnung vom Schuldner die Eröffnung eines Vergleichsverfahrens beantragt, so ist die Entscheidung über den Konkursantrag auszusetzen, § 26. Sie bleibt solange ausgesetzt, bis das

Vergleichsverfahren abgeschlossen ist; kommt es zum Abschluß eines Vergleiches, gilt der Konkursantrag als nicht gestellt. § 84.

6.2. *Das Vollstreckungsverbot*

Nach der Eröffnung zwingt der mit dem Vergleichsverfahren verfolgte Zweck — ebenso wie im Konkurs, vgl. Teil I Abschn. 9.5 — dazu, Einzelzwangsvollstreckungsmaßnahmen von verfahrensbeteiligten Gläubigern zu verbieten. Nach § 47 sind deshalb nach Eröffnung vorgenommene Zwangsvollstreckungsmaßnahmen von Vergleichsgläubigern (s. dazu unten Abschn. 9) und von den Gläubigern der in § 29 genannten Ansprüche unwirksam. Als Zwangsvollstreckung i. S. des § 47 gilt auch die Vollziehung eines Arrestes oder einer einstweiligen Verfügung. § 124.

Gegen verbotswidrig vorgenommene Vollstreckungsmaßnahmen kann der Schuldner gem. § 766 ZPO beim Vollstreckungsgericht (nicht beim Vergleichsgericht!) vorgehen; die Maßnahmen sind dann gem. §§ 775, 776 ZPO aufzuheben. Sind verbotswidrige Eintragungen im Grundbuch vorgenommen, so ist es unrichtig geworden und der Schuldner kann die Eintragung eines Amtswiderspruches und die Berichtigung verlangen.

Ist eine Vollstreckungsmaßnahme eines Vergleichsgläubigers oder eines der in § 29 Nrn. 3 und 4 bezeichneten Gläubiger (beachte die Einschränkung gegenüber § 47; § 29 Nrn. 1 und 2 werden nicht erfaßt!) noch anhängig, d. h. zwar begonnen, aber noch nicht beendet[249], so bleibt sie bis zum rechtskräftigen Abschluß des Vergleichsverfahrens kraft Gesetzes eingestellt. § 48 Abs. 1.

Häufig ist damit jedoch den anderen Gläubigern noch nicht gedient:

> *Beispiel 21:*
>
> A hat den gesamten Warenvorrat des Händlers B pfänden lassen. Kurz danach wird auf Antrag des B das Vergleichsverfahren eröffnet.

[249] Beendet ist z. B. die Sachpfändung mit der Anbringung des Siegels oder der Mitnahme des Pfandgegenstandes, die Forderungspfändung mit der Zustellung des Beschlusses an den Drittschuldner, die Vollstreckungsmaßnahme im Grundbuch mit der letzten Unterschrift.

Die Einstellung der Zwangsvollstreckung allein nützt hier wenig, denn wenn der Schuldner sein Geschäft weiter betreiben will, muß er über die Waren verfügen können. In einem solchen Fall, in dem das Weiterbestehen der Pfändung dem gemeinsamen Interesse aller Vergleichsgläubiger zuwiderläuft, kann das Gericht auf Antrag des Verwalters die Zwangsvollstrekkungsmaßnahme sogar aufheben. § 48 Abs. 2[250].

Auch die Entscheidungen nach § 48 Abs. 2 sind grundsätzlich nicht mit Beschwerde anfechtbar (wohl aber mit Erinnerungen, s. oben Abschn. 2.3), weil die Vorschrift ein Rechtsmittel nicht ausdrücklich zuläßt. Die Rechtsprechung hat jedoch die sofortige Beschwerde des § 793 ZPO zugelassen, wenn der Gläubiger behauptet, er sei kein Vergleichsgläubiger und falle auch nicht unter § 29 Nrn. 3 oder 4[251].

7. Die Stellung des Schuldners

7.1. Allgemeines

Einer der wesentlichsten und für den Schuldner bedeutungsvollsten Unterschiede zum Konkursverfahren ist, daß die Eröffnung des Vergleichsverfahrens die Verfügungsbefugnis des Schuldners grundsätzlich nicht beeinträchtigt.

Dem Schuldner obliegen jedoch gewisse, ihn einschränkende Verpflichtungen:

Nach § 56 hat sich der Schuldner in seiner privaten Lebensführung so einzurichten, wie es seiner Verschuldung angemessen ist, er darf nämlich die vorhandenen Mittel nur insoweit verbrauchen, als es zu einer bescheidenen Lebensführung für ihn und seine Familie unerläßlich ist.

Da der Schuldner in seiner Verfügungsmacht nicht eingeschränkt ist, sind jedoch Verfügungen, die gegen die Pflicht des § 56 verstoßen, voll wirksam. Der Verwalter muß aber dem

[250] Wenn *B—St,* § 48 Anm. 6 in Übereinstimmung mit Büchert WirtschPr. 51, 329 in diesem Falle die Anhörung des Gläubigers nicht für erforderlich hält, so erscheint das im Hinblick auf Art. 103 GG bedenklich.

[251] *Bl—M,* § 48 Anm. 42; *B—St,* § 48 Anm. 8; *Künne* KTS 55, 78; *a. A. V—N,* § 121 I 1.

Gericht davon Mitteilung machen, und dieses hat das Vergleichsverfahren in einem solchen Falle einzustellen (§ 100 Abs. 1 Nr. 5) und zugleich über die Eröffnung des Anschlußkonkurses zu entscheiden. § 101.

Nach § 57 Abs. 1 soll der Schuldner geschäftliche Verbindlichkeiten, die nicht zum gewöhnlichen Geschäftsbetrieb gehören, nur mit vorheriger Zustimmung des Verwalters eingehen; auch die Eingehung von Verbindlichkeiten, die zum gewöhnlichen Geschäftsbetrieb gehören, soll er unterlassen, wenn der Verwalter dagegen Widerspruch erhebt. Schließlich hat der Verwalter die Möglichkeit, die Bewirkung und Entgegennahme von Zahlungen an sich zu ziehen. § 57 Abs. 2. Auch hier ist ein Verstoß gegen diese Pflichten wieder ohne Einfluß auf die Wirksamkeit des betreffenden Geschäftes, d. h. die entgegen Abs. 1 eingegangenen Verpflichtungen sind wirksam entstanden, die entgegen Abs. 2 getätigten Zahlungen sind wirksam geleistet. Jedoch gibt auch hier gem. § 100 Abs. 1 Nr. 3 der Verstoß gegen diese Pflichten Grund, das Verfahren einzustellen, sofern der Verstoß nicht etwa im Einzelfall entschuldbar erscheint.

7.2. Die Anordnung von Verfügungsbeschränkungen

Während im Konkurs der Schuldner kraft Gesetzes, also ohne daß es einer besonderen Anordnung des Gerichts bedürfte, die Verwaltungs- und Verfügungsbefugnis über sein Vermögen verliert, muß das Gericht im Vergleichsverfahren, will es den Schuldner über die §§ 56 und 57 hinaus beschränken, durch ausdrückliche Anordnung die Verfügungsbefugnis einschränken oder beseitigen. § 58.

Das Gericht hat dabei nach § 59 die Wahl

- entweder den Schuldner in seiner Verfügung über einzelne Vermögensgegenstände zu beschränken (sog. *besonderes Veräußerungsverbot*)
- oder ihn in der Verfügung über sein ganzes Vermögen zu beschränken (sog. *allgemeines Veräußerungsverbot*).

7.2.1. Das besondere Veräußerungsverbot

Das besondere Veräußerungsverbot ergreift nur einzelne Vermögensgegenstände, die in dem anordnenden Beschluß ausdrücklich zu bezeichnen sind. Handelt es sich um das Verbot einer Verfügung über einen Anspruch, so hat das Gericht auch dem Verpflichteten die Leistung an den Schuldner zu verbieten.

Das besondere Veräußerungsverbot ist dem Schuldner und dem Vergleichsverwalter zuzustellen, im Falle des Verbots der Verfügung über einen Anspruch ist auch die Zustellung an den Drittschuldner vorgeschrieben. § 63 Abs. 1. Die Wirksamkeit tritt ein mit der Zustellung an den Vergleichsschuldner, es sei denn, das Verbot wird in mündlicher Verhandlung verkündet, dann wird es wirksam mit der Verkündung. Wegen der Wirksamkeit gegenüber einem Schuldner des Schuldners s. unten Beispiel 22.

Ist dem Schuldner die Verfügung über ein Grundstück oder ein Recht an einem Grundstück verboten worden, so ist das Veräußerungsverbot im Grundbuch einzutragen, beim Veräußerungsverbot über ein im Grundbuch für den Schuldner eingetragenes Recht jedoch nur dann, wenn Besorgnis der Beeinträchtigung der Gläubiger besteht, was bei Grundpfandrechten allerdings regelmäßig der Fall sein dürfte.

Ist ein besonderes Veräußerungsrecht ausgesprochen, so hat es die Wirkung, daß eine rechtsgeschäftliche Verfügung über den Gegenstand des Verbots den Vergleichsgläubigern gegenüber unwirksam ist.

§ 63 Abs. 3 S. 2 verweist auf die allgemeinen Gutglaubensvorschriften, also die §§ 892, 1138, 1155, 932 ff., 1032, 1207 f., 1244 BGB, 366 HGB. Der gute Glaube muß sich dabei auf das Nichtkennen des Veräußerungsverbotes beziehen.

Auch für Dritte, die an den Schuldner leisten, sieht das Gesetz eine Art Gutglaubensschutz vor:

Beispiel 22:

A schuldet dem B 500,— DM. Über das Vermögen des B ist das Vergleichsverfahren eröffnet worden; am 1. 2. wird ihm verboten, über seine Außenstände zu verfügen. Der Beschluß wird dem B am 3. 2. zugestellt, nicht jedoch dem A, der dem Gericht nicht als Schuldner des B bekannt war. Der nichtsahnende A zahlt am 1. 3. an B.

Ist A befreit?

Zunächst möchte man die Frage verneinen, da doch das Verbot mit der Zustellung an B Wirksamkeit erlangt hat. Eine solche Lösung wäre jedoch zweifellos ungerecht. §§ 63 Abs. 3 S. 3, 62 Abs. 4 sehen deshalb vor, daß das Verbot gegenüber einem Schuldner des Schuldners grundsätzlich erst wirksam wird, wenn er Kenntnis vom Verbot erlangt hat; durch eine Leistung vor diesem Zeitpunkt wird er also grundsätzlich befreit.

Ausnahme: Leistung auf dingliche eingetragene Rechte wegen der Verweisung auf § 893 BGB in § 62 Abs. 4. Hier ist die Eintragung des Verbotes der Kenntnis gleichzusetzen!

7.2.2. Das allgemeine Veräußerungsverbot

Das allgemeine Veräußerungsverbot ergreift nach seinem Wirksamwerden (Zeitpunkt: Erlaß, nicht erst Zustellung, vgl. § 60 Abs. 1!) das gesamte Vermögen des Schuldners, und zwar mit der Folge, daß jede rechtsgeschäftliche Verfügung des Schuldners den Vergleichsgläubigern gegenüber unwirksam ist. § 62 Abs. 1.

§ 62 Abs. 3 verweist im Gegensatz zu § 63 Abs. 3 nur auf die Vorschriften der §§ 892, 893 BGB, d. h. daß bei Verfügungen über bewegliche Sachen der gute Glaube eines Erwerbers *nicht* geschützt wird.

Geschützt wird jedoch der Schuldner des Schuldners, der vor Kenntniserlangung leistet: § 62 Abs. 4 (wiederum mit der Ausnahme bei der Leistung auf eingetragene Rechte wegen § 893 BGB). Ist das Veräußerungsverbot jedoch öffentlich bekanntgemacht oder dem Drittschuldner zugestellt worden, wird gem. § 62 Abs. 4 S. 2 eine Kenntnis des Drittschuldners vermutet. Damit tritt eine Umkehrung der Beweislast ein, d. h. der Drittschuldner muß, will er eine erneute Leistung vermeiden, seine Nichtkenntnis beweisen.

Zur Vermeidung gutgläubigen Erwerbs ist das Verbot in das Grundbuch einzutragen. § 61.

Im Konkurs wird der sog. Neuerwerb des Schuldners (vgl. dazu Teil I Abschn. 6.1.3) von den Verfügungsbeschränkungen nicht erfaßt. § 59 S. 2 erstreckt jedoch das allgemeine (!) Veräußerungsverbot des Vergleichsverfahrens auch auf das Vermögen, das der Schuldner nach Erlaß des Verbotes erwirbt.

> *Beispiel 23:*
>
> A hat sich mit B am 1. 2. über die Bestellung einer Buchhypothek geeinigt und ihm eine Eintragungsbewilligung ausgehändigt. B stellt am 2. 2. den Eintragungsantrag, das Recht wird am 4. 2. eingetragen. Am 3. 2. ist gegen A ein allgemeines Veräußerungsverbot erlassen worden.

Hat B das Recht erworben?

Es handelt sich hier um einen Fall des § 878 BGB. Diese Vorschrift ist jedoch (anders wie in § 15 KO) in § 62 Abs. 3 nicht erwähnt.

Das ist deshalb nicht erforderlich, weil die Wirkungen von § 15 KO und von § 62 Abs. 1 VerglO unterschiedliche sind:

> § 15 KO erklärt jede nach Konkurseröffnung einen Rechtserwerb vollendende Rechtshandlung — auch wenn sie nicht vom Gemeinschuldner herrührt — für unwirksam;
>
> § 62 Abs. 1 VerglO erklärt nur rechtsgeschäftliche Verfügungen des Schuldners als unwirksam.

Die Grundbucheintragung wird somit vom Veräußerungsverbot überhaupt nicht berührt, sie kann auch nach Erlaß des Veräußerungsverbotes den Rechtserwerb noch vollenden. Wenn Einigung, Bewilligung und Antragstellung vor Wirksamwerden des Veräußerungsverbotes liegen, führt die wirksame Eintragung nach § 878 BGB den Rechtserwerb herbei.

8. Die Stellung des Verwalters

Da der Schuldner durch die Eröffnung des Vergleichsverfahrens seine Verfügungs- und Verwaltungsbefugnis nicht verliert, muß die Rechtsstellung des Vergleichsverwalters sich von der des Konkursverwalters grundlegend unterscheiden.

Der Vergleichsverwalter ist weder Partei kraft Amtes noch Vertreter des Schuldners, sondern er tritt nur neben ihn als ein besonderes Überwachungs- und Beratungsorgan. Der Verwalter hat nach § 39 die wirtschaftliche Lage des Schuldners zu prüfen und dessen Geschäftsführung sowie seine Ausgaben für die persönliche Lebensführung zu überwachen. Seine Rechte und Pflichten ergeben sich im übrigen aus § 40. Der Verwalter untersteht der Aufsicht des Gerichts (§ 41), er ist — wie der Konkursverwalter — allen Beteiligten für die Erfüllung seiner Pflichten verantwortlich. § 42.

In gewissem Umfang ist jedoch die Tätigkeit des Verwalters auch materiellrechtlich von Bedeutung:

Wenn das Gericht gegen den Schuldner eine Verfügungsbeschränkung (s. oben Abschn. 7.2) angeordnet hat, so ist eine trotz des ausgesprochenen Verbotes vorgenommene Verfügung des Schuldners dann wirksam, wenn der Verwalter ihr zustimmt. § 64[252]. Allerdings kann das Gericht durch gesonderte Anordnung diese Zustimmungsbefugnis wiederum ausschließen oder beschränken. § 64 S. 2; diese Maßnahme ist bei einem allgemeinen Veräußerungsverbot in gleicher Weise wie dieses bekanntzumachen und in das Grundbuch einzutragen.

9. Die Vergleichsgläubiger

9.1. Der Begriff des Vergleichsgläubigers

Vergleichsgläubiger ist, wer — vorbehaltlich nachstehender Ausnahmen — einen zur Zeit der Verfahrenseröffnung gegen den Schuldner begründeten persönlichen Vermögensanspruch hat. § 25 Abs. 1.

Für Unterhaltsberechtigte gelten nach § 25 Abs. 2 die Regeln des § 3 Abs. 2 KO entsprechend.

Keine Vergleichsgläubiger sind (§ 26)[253]:

a) Aussonderungs- oder Ersatzaussonderungsberechtigte

[252] Genehmigt der Verwalter sie nachträglich, so wird sie ex tunc wirksam, RGZ 106, 45. Auf die Zustimmung bzw. Genehmigung finden § 185 BGB i. V. mit §§ 182 ff. BGB Anwendung.

[253] Weiter sind keine Vergleichsforderungen die in Teil I Abschn. 11.1 genannten Ansprüche, die auch keine Konkursforderungen sind, vgl. *B—St*, § 25 Anm. 3.

b) Gläubiger, denen ein Verfolgungsrecht (§ 44 KO) zusteht,
c) im Konkurs bevorrechtigte Gläubiger (§ 61 Nrn. 1 bis 5 KO),
d) Vormerkungsberechtigte,
e) der Justizfiskus wegen der Gerichtsgebühren und Auslagen (§ 26 Abs. 2),
f) der Verwalter wegen seiner Ansprüche (§ 26 Abs. 2).

Absonderungsberechtigte Gläubiger (vgl. dazu Teil I Abschn. 6.3) sind, wenn ihnen der Schuldner auch persönlich haftet, nur mit ihrer Ausfallforderung an Abstimmung und vergleichsmäßiger Befriedigung beteiligt. § 27. Der mutmaßliche Ausfall kann nach §§ 71 Abs. 3, 97 vom Gericht vorläufig festgestellt werden (beachte § 27 Abs. 2, der Sicherungsnehmer ausdrücklich den Absonderungsberechtigten zurechnet, ein Ergebnis, das im Konkurs zwar nicht gesetzlich geregelt ist, jedoch auch dort der h. M. entspricht, vgl. Teil I Abschn. 6.4.1).

9.2. Die Sperrfrist des § 28

Ebenso wie vor der Eröffnung des Konkurses kommt es auch unmittelbar vor der Eröffnung eines Vergleichsverfahrens häufig zu Zwangsvollstreckungsmaßnahmen von Gläubigern, die versuchen, auf diese Weise ein Absonderungsrecht zu erwerben, das sie aus dem Kreis der vom Vergleich Betroffenen ausscheiden läßt, jedenfalls in dem Umfang, als sie keinen Ausfall erleiden.

Im Konkurs werden diese Fälle zumeist durch die Anfechtungsrechte des Verwalters (vgl. Teil I Abschn. 14) bereinigt, die VerglO findet für sie eine andere Regelung:

> *Beispiel 24:*
>
> A hat bei B am 1. 2. durch den Gerichtsvollzieher einen PKW pfänden lassen. Am 20. 2. hat B die Eröffnung des Vergleichsverfahrens über sein Vermögen beantragt.

Wenn das Pfandrecht des A Bestand hat, ist er als Absonderungsberechtigter (§ 49 Abs. 1 Nr. 2 KO) — einmal unterstellt er erleide keinen Ausfall — von den Wirkungen eines abzuschließenden Vergleichs nicht betroffen, d. h. er kann seine

Forderung in voller Höhe aus dem PKW befriedigen. Hat das Pfandrecht keinen Bestand, so ist A Vergleichsgläubiger und muß sich dem Vergleich mit seinen Auswirkungen (Schmälerung der Forderung, Zahlungsfrist!) unterwerfen.

Der Vorschrift des § 28 können wir entnehmen, daß jeder Vergleichsgläubiger, der seine Zwangsvollstreckungsmaßnahme später als am 30. Tage vor der Stellung des Eröffnungsantrages ausgebracht hat, Vergleichsgläubiger bleibt, obwohl er ein Absonderungsrecht erworben hat.

Anfang der Frist ist der Beginn des 29. Tages vor dem Tage, an dem der Eröffnungsantrag bei Gericht eingeht, der Tag der Antragstellung zählt nicht mit. § 28 Abs. 2.

Beispiel 25:

Antragstellung am 31. 5., Fristbeginn: 2. 5., d. h., daß alle am 2. 5. oder in der Folgezeit vorgenommenen Zwangsvollstreckungsmaßnahmen dem Gläubiger nicht zu einer Sonderstellung i. S. des § 27 verhelfen; aus dem Kreis der Vergleichsgläubiger scheidet nur aus, wer am 1. 5. oder noch früher sein Absonderungsrecht erworben hat!

Entsprechendes gilt für Gläubiger, die innerhalb der Sperrfrist bereits Befriedigung durch Zwangsvollstreckung erlangt haben. (Es sei denn, der Gläubiger hätte durch ein vor der Sperrfrist erlangtes Pfändungspfandrecht bereits ein Absonderungsrecht erworben.) Der Gläubiger nimmt dann am Verfahren wie die anderen Vergleichsgläubiger teil, muß jedoch das Erlangte zunächst nicht herausgeben.

Nach Bestätigung des Vergleichs zeigt sich die Auswirkung der Sperrfrist noch einschneidender:

Gem. § 87 tritt dann kraft Gesetzes die Unwirksamkeit aller innerhalb der Sperrfrist ausgebrachten Vollstreckungsmaßnahmen ein, d. h. Pfändungen sind aufzuheben, Sicherungshypotheken gehen in entsprechender Anwendung von § 868 ZPO auf die Eigentümer über. Hat die Vollstreckungsmaßnahme bereits zu einer Befriedigung des Gläubigers geführt, so ist das Erlangte nach Bereicherungsgrundsätzen herauszugeben.

9.3. Die Gläubiger nach § 29

Keine Vergleichsgläubiger sind auch die Gläubiger der in § 29 genannten Ansprüche. Es sind dies dieselben Ansprüche, wie wir sie in § 63 KO bereits kennengelernt haben. Die genannten Forderungen nehmen also nicht am Verfahren teil und sind nicht stimmberechtigt. In § 83 ist jedoch vorgesehen, daß Forderungen aus einer Freigebigkeit des Schuldners ebenso wie alle Vergleichsforderungen durch den Vergleich geschmälert werden und daß die laufenden Zinsen und Teilnahmekosten sogar als erlassen gelten[254]. Lediglich Geldstrafen werden — um des Strafzweckes willen — nicht vom Vergleich betroffen.

9.4. Die Behandlung der Ansprüche aus gegenseitigen Verträgen

Gläubiger, deren Forderung auf einem gegenseitigen Vertrag beruht, sind dann keine Vergleichsgläubiger, wenn der Vertrag im Zeitpunkt der Verfahrenseröffnung von beiden Seiten noch nicht vollständig erfüllt war (vgl. dazu Teil I Abschn. 8). § 36 Abs. 1.

Diese Regelung geht — wie bei § 17 KO — vom Gedanken aus, daß es unbillig wäre, müßte ein Teil zwar voll leisten, könnte jedoch seinerseits nur die durch den Vergleich geminderte Gegenleistung beanspruchen. Der Vertragspartner des Schuldners, der seine Leistung erbringt, erhält also auch nach Vergleichseröffnung die volle Gegenleistung.

Etwas anderes gilt dann, wenn beide geschuldeten Leistungen teilbar sind, dann nimmt der Gläubiger, der bereits Teilleistungen erbracht hat, mit dem diesen Teilleistungen entsprechenden Teil seines Anspruches am Vergleichsverfahren teil. § 36 Abs. 2[255]. Damit dieses Ergebnis nicht umgangen werden kann, kann ein wegen der Teilleistungen auf Grund Vertrag oder

[254] Sofern dem Gläubiger für diese Nebenleistungen Sicherheiten haften, wird diese Haftung durch § 83 Abs. 2 nicht eingeschränkt, der Gläubiger darf also den Erlös der abgesonderten Befriedigung gem. § 367 Abs. 1 BGB zunächst auf Zinsen und Kosten verrechnen, vgl. BGH MDR 57, 28.

[255] Die im Konkurs so problematische Unterscheidung zwischen Sukzessivlieferungsvertrag und Wiederkehrschuldverhältnis (vgl. Teil I Abschn. 8.3) stellt sich hier also nicht, vgl. RGZ 148, 335 und 155, 312.

Gesetz gegebenes Rücktrittsrecht nicht mehr ausgeübt werden. § 36 Abs. 2 S. 2.

In § 36 Abs. 3 ist bestimmt, daß bei Lieferung einer mangelhaften Sache § 36 Abs. 1 nicht anwendbar ist. Zwar gilt sonst der Grundsatz, daß die Leistung einer mangelhaften Sache keine Vertragserfüllung darstellt[256], im Vergleichsverfahren kann dieser Grundsatz jedoch keine Geltung beanspruchen, weil sonst der Verkäufer aus der Mangelhaftigkeit der eigenen Leistung — also aus seiner eigenen Vertragsuntreue — eine Besserstellung gegenüber einem vertragstreuen Gläubiger herleiten könnte.

9.5. Das Ablehnungsrecht des Vergleichsschuldners

Beispiel 26:

A, der seinen Betrieb wesentlich erweitern will, bestellt bei B Fabrikationsmaschinen zum Preis von 200 000,— DM. Seine Pläne lassen sich jedoch nicht durchführen, er gerät in Schulden, über sein Vermögen wird das Vergleichsverfahren eröffnet. B verlangt unter Berufung auf § 36 Abs. 1 Zahlung von 200 000,— DM. Die von ihm angebotenen Maschinen werden jedoch nicht mehr benötigt; die Zahlung der verlangten Summe würde Leistungen an die anderen Gläubiger unmöglich machen.

Es liegt auf der Hand, daß in einem solchen Fall die Regel des § 36 Abs. 1 nicht uneingeschränkt Geltung haben kann, denn der Schuldner soll nicht zu Investitionen gezwungen werden, die die Durchführung des Vergleichsverfahrens von vornherein unmöglich machen würden.

§ 50 sieht deshalb vor, daß der Schuldner die Erfüllung eines von beiden Seiten noch nicht vollständig erfüllten Vertrages ablehnen kann. Er bedarf jedoch zu dieser Ablehnung der vorherigen Ermächtigung durch das Vergleichsgericht. Diese Ermächtigung soll nach § 50 Abs. 2 S. 5 nur erteilt werden, wenn die Erfüllung das Zustandekommen oder die Erfüllbarkeit des Vergleiches gefährden würde und die Ablehnung der Erfüllung

[256] Vgl. *Palandt-Putzo*, § 459 Anm. 1 und Vorbem. 2 vor § 459.

dem Vertragspartner keinen unverhältnismäßigen Schaden bringt (Interessenabwägung!).

Eine Ablehnungsbefugnis besteht nicht, wenn der Gläubiger durch eine Vormerkung gesichert ist. § 50 Abs. 4 (Ähnliche Regelung wie in § 24 KO!).

Die Ablehnungsbefugnis besteht ferner nicht bei Miet-(Pacht)-verträgen, bei denen der Schuldner Vermieter (Verpächter) ist, sowie bei Dienstverträgen, wenn der Schuldner der zur Dienstleistung Verpflichtete ist. § 51 Abs. 1. Der Grund für diese Regelung ist, daß aus Verträgen dieser Art für den Schuldner Einnahmen entstehen, somit kein Grund zu ihrer Auflösung besteht.

Bei Miet-(Pacht-)verträgen, bei denen der Schuldner Mieter (Pächter) ist, tritt, wenn die Mietsache bereits überlassen ist, ein Kündigungsrecht innerhalb der gesetzlichen Kündigungsfrist (also ohne Rücksicht auf eine vereinbarte Frist) in Kraft. § 51 Abs. 2. Das gleiche gilt für Dienstverträge, bei denen der Schuldner der Dienstberechtigte ist.

10. Das Zustandekommen des Vergleichs

10.1. Grundsatz

Der Vergleich kommt durch eine Mehrheitsentscheidung der Vergleichsgläubiger (s. oben Abschn. 9) zustande.

Im Vergleichsverfahren besteht kein Anmeldezwang. Zwar soll der Schuldner in dem von ihm einzureichenden Gläubigerverzeichnis alle Gläubiger aufführen (§ 6), darüber hinaus werden die Gläubiger auch im Eröffnungsbeschluß aufgefordert, ihre Forderungen bei Gericht anzumelden. § 20 Abs. 3 Nr. 4. Ist jedoch ein Gläubiger im Verzeichnis nicht genannt und hat er auch nicht angemeldet, so wirkt er bei der Abstimmung nicht mit, wird jedoch gleichwohl vom Vergleich betroffen. § 82 Abs. 1[257].

[257] Umgekehrt umfaßt der Vergleich solche Forderungen nicht, von denen nur irrtümlich angenommen wurde, sie seien Vergleichsforderungen, selbst wenn sie sich an der Abstimmung beteiligt haben; *B—St*, § 82 Anm. 1; LAG Kiel NJW 52, 800.

Ein Gläubiger, der zwar vom Schuldner nicht in das Gläubigerverzeichnis aufgenommen worden ist, seine Forderung jedoch nachträglich bei Gericht angemeldet hat, wird bei der Abstimmung mit berücksichtigt. § 67 Abs. 1.

Auf Grund der Anmeldungen hat der Urkundsbeamte das vom Schuldner vorgelegte Gläubigerverzeichnis zu berichtigen (ergänzen). § 67 Abs. 3.

10.2. Die Verhandlung und Abstimmung im Vergleichstermin

Im Vergleichstermin besteht Anwesenheitspflicht für den Verwalter und grundsätzlich auch für den Schuldner, der sich zwar aus wichtigem Grund vertreten lassen kann (§ 68), bei dessen unentschuldigtem Ausbleiben jedoch das Verfahren u. U. einzustellen (§ 100 Abs. 1 Nr. 6) und über den Anschlußkonkurs zu entscheiden ist. § 101.

Im Termin wird über den Vergleichsvorschlag[258] verhandelt, das Stimmrecht der Forderungen festgestellt und sodann über den Vergleich abgestimmt.

Zur Feststellung des Stimmrechts werden zunächst alle in das berichtigte Gläubigerverzeichnis eingetragenen Forderungen erörtert. § 70. Der Urkundsbeamte der Geschäftsstelle hat dabei im Gläubigerverzeichnis zu vermerken, ob, und wenn ja, von wem eine Forderung bestritten worden ist. § 71 Abs. 4.

Stimmberechtigt ist nämlich zunächst nur eine Forderung, die weder vom Schuldner noch vom Verwalter noch von einem anderen Gläubiger mündlich im Termin bestritten wird. § 71 Abs. 1.

Bei bestrittenen Forderungen, ebenso bei Forderungen, die aufschiebend bedingt sind und bei Forderungen, für die abgesonderte Befriedigung beansprucht wird, ist zunächst eine Einigung über die Gewährung eines Stimmrechts zu versuchen. Kommt eine Einigung nicht zustande, so entscheidet das Ge-

[258] Im Gegensatz zum Zwangsvergleich ist nicht erst der Vorschlag im Termin das Vertragsangebot, sondern bereits der dem Eröffnungsantrag beigefügte Vorschlag, *B—St*, § 3 Anm. 2; *V—N*, § 66 V 1; *a. A. Bl—M*, § 8 Anm. 7 a. Seine Ansicht vermag jedoch § 73 Abs. 1 nicht zu erklären!

richt, ob und in welcher Höhe der Forderung ein Stimmrecht gewährt wird. § 71 Abs. 2 und 3. Diese Stimmrechtsentscheidung ist unanfechtbar, und zwar auch dann, wenn sie — wie im Regelfall — vom Rechtspfleger getroffen wird. § 11 Abs. 5 S. 2 RpflG.

Gläubiger, deren Forderung nach dem Vergleichsvorschlag keine Schmälerung erfahren soll, haben kein Stimmrecht. § 72 Abs. 1. (Beispiel für einen solchen Vergleichsvorschlag: „Alle Forderungen unter 500,— DM werden voll, alle anderen Forderungen werden zu 50 % befriedigt"; in diesem Fall sind die Gläubiger mit Forderungen bis zu 500,— DM nicht stimmberechtigt.)

Steht mehreren eine Forderung gemeinschaftlich zu (z. B. Gesamtgläubiger, Forderungsberechtigter und Pfandgläubiger, Forderungsberechtigter und Nießbraucher, Miterben bei ungeteiltem Nachlaß), so haben sie nur *eine* Stimme. § 72 Abs. 2. Stimmen sie nicht einheitlich ab, so gilt dies als Enthaltung.

Haben mehrere eine teilbare Leistung[259] zu fordern, so gilt der Grundsatz des § 72 Abs. 2 nicht; da jedem Berechtigten im Zweifel ein selbständiger Forderungsteil zusteht, hat jeder für seinen Teil auch ein selbständiges Stimmrecht.

Wenn der Vergleichsvorschlag nicht allen Gläubigern gleiche Rechte gewährt, wird zunächst die Vorabstimmung gem. § 8 Abs. 2 durchgeführt. Wird die erforderliche Mehrheit nicht erreicht, so muß der Schuldner seinen Vergleichsvorschlag ändern. Bei jeder Änderung des Vorschlages muß das Gericht prüfen, ob der neue Vorschlag gegenüber dem ursprünglichen Vorschlag eine Verschlechterung für die Vergleichsgläubiger darstellt.

Stellt das Gericht durch unanfechtbare Entscheidung fest (§ 11 Abs. 5 S. 2 RpflG), daß der Vergleichsvorschlag zuungunsten der Gläubiger geändert worden ist, so darf er nur zur Abstimmung gestellt werden, wenn

entweder alle Gläubiger im Termin anwesend sind oder der neue Vorschlag (was jedoch selten der Fall ist) allen Gläubigern rechtzeitig vor dem Termin mitgeteilt worden ist. § 76.

[259] Zum Begriff vgl. *Palandt-Danckelmann-Heinrich,* § 266 Anm. 2 b.

Ist dies nicht der Fall, so muß der Termin vertagt werden; eine solche Vertagung ist jedoch immer nur möglich, wenn drei Viertel der erschienenen Gläubiger es beantragen. § 77 Abs. 2. Kommt diese Mehrheit nicht zustande, so ist das Verfahren nach § 100 Abs. 1 Nr. 1 einzustellen[260] und über die Eröffnung des Anschlußkonkurses zu entscheiden. § 101.

Zur Annahme des Vergleichsvorschlages ist eine doppelte Mehrheit erforderlich.

a) *Kopfmehrheit*
d. i. Mehrheit der anwesenden stimmberechtigten Gläubiger einschließlich der schriftlichen Zustimmungen nicht anwesender Gläubiger — § 73 —! § 74 Abs. 1 Nr. 1.

b) *Summenmehrheit*
d. i. drei Viertel aller stimmberechtigten Forderungen (also auch der nicht erschienenen) müssen zustimmen. § 74 Abs. 1 Nr. 2.
Bietet der Schuldner weniger als 50 % der Forderungen, so muß die Summenmehrheit sogar vier Fünftel betragen. § 74 Abs. 3.

Stimmenthaltung gilt immer als Ablehnung des Vorschlages. Die Stimmabgabe ist eine Willenserklärung, für die die §§ 104 ff. BGB gelten. Für nicht voll geschäftsfähige Gläubiger ist die Stimme durch den gesetzlichen Vertreter abzugeben. Ein Vormund bedarf der vormundschaftsgerichtlichen Genehmigung, wenn der Gegenstand des Vergleiches (also der Unterschied zwischen der ursprünglichen und der durch den Vergleich geminderten Forderung) 300,— DM übersteigt. § 1822 Nr. 12 BGB[261].

Wird nur eine der beiden Mehrheiten erreicht, so ist auf Antrag des Schuldners einmal zu vertagen. § 77 Abs. 1. Erreicht der Vergleich im neuen Termin wiederum nur eine der

[260] So *Bl—M*, § 76 Anm. 6, weil der Vergleichsantrag nunmehr mit einem unzulässigen Vergleichsvorschlag verbunden ist; nach *B—St*, § 76 Anm. 4 ist gem. § 99 einzustellen, weil die Aufrechterhaltung eines geänderten Vergleichsvorschlages einer Zurücknahme gleichkommen soll.

[261] Vgl. dazu auch oben Fußn. 207.

beiden Mehrheiten, so ist das Verfahren einzustellen (§ 100 Abs. 1 Nr. 8) und über die Eröffnung des Anschlußkonkurses zu entscheiden. § 101.

Wird keine der beiden Mehrheiten erreicht, so kann mit Zustimmung von $^3/_4$ der erschienenen Gläubiger vertagt werden, sofern zu erwarten ist, daß im neuen Termin der Vergleich zustandekommen wird. § 77 Abs. 2. Andernfalls ist nach §§ 100, 101 zu verfahren. Werden beide Mehrheiten erreicht, so ist der Vergleich zwar angenommen, aber noch nicht wirksam geworden; er bedarf nämlich noch der Bestätigung des Gerichts, § 78 Abs. 1.

Vor der Entscheidung sind der Schuldner, der Vergleichsverwalter und ein etwaiger Gläubigerbeirat zu hören. Die Entscheidung über die Bestätigung ist noch im Vergleichstermin oder in einem neuen, nicht über eine Woche hinaus anzusetzenden Termin zu treffen. § 78 Abs. 3.

§ 79 zählt die Gründe auf, die zu einer Verweigerung der Vergleichsbestätigung führen. Wird die Bestätigung versagt, so ist zunächst von Amts wegen über die Konkurseröffnung zu entscheiden. § 80 Abs. 1. Zwar ist der Beschluß, der die Bestätigung versagt, als solcher mit Beschwerde nicht anfechtbar (wohl aber mit der Erinnerung; vgl. oben Abschn. 2.3), jedoch kann die Entscheidung, die über die Eröffnung des Anschlußkonkurses ergeht, gem. § 80 Abs. 2 auch mit dem Vorbringen angefochten werden, die Bestätigung sei zu Unrecht versagt worden[262].

11. Die Wirkungen des Vergleichs

11.1. Die Rechtsnatur des Vergleichs

Der vom Gericht bestätigte Vergleich ist ein Vertrag nach § 779 BGB, für den grundsätzlich die einschlägigen Vorschriften des BGB gelten. Willensmängel aller Art werden jedoch durch

[262] In der Literatur wird darüber hinaus angenommen, daß der Schuldner bei der Anfechtung der Entscheidung über die Konkurseröffnung auch vorbringen kann, das Gericht habe zu Unrecht eine Forderung als beteiligt oder nichtbeteiligt angesehen, vgl. *B—St*, § 80 Anm. 2 und *Kiesow*, § 71 Anm. 2.

die gerichtliche Bestätigung geheilt, so daß eine spätere Anfechtung gem. §§ 119 ff. BGB ausgeschlossen ist.

Ebenso heilt die Bestätigung alle Verfahrensmängel. Der Vergleich bleibt also wirksam, wenn etwa ein Vergleichsgrund nicht vorlag, wenn der Schuldner nicht prozeßfähig war, oder wenn eine der vorgeschriebenen Mehrheiten nicht erreicht wurde[263]. Nicht geheilt wird nach h. M. ein Verstoß gegen die Mindestsätze des § 7[264].

Eine im Vergleich übernommene Bürgschaftsverpflichtung wird jedoch nur bindend, wenn im Zeitpunkt der Bestätigung auch tatsächlich eine rechtswirksame Bürgschaftsverpflichtung vorlag.

Der Vergleich verliert seine Wirkung

wenn der Schuldner wegen gewisser, im Zusammenhang mit dem Vergleichsverfahren stehender strafbarer Handlungen verurteilt wird, § 88,

oder wenn der Vergleich von einem Gläubiger wegen arglistiger Täuschung beim Vergleichsabschluß nach Maßgabe des § 89 Abs. 1 angefochten wird.

Im Falle des § 88 verliert der Vergleich allen beteiligten Gläubigern gegenüber seine Wirkung, im Falle des § 89 nur gegenüber dem anfechtenden Gläubiger. In keinem der beiden Fälle wird jedoch das Verfahren wieder aufgenommen oder fortgesetzt; es hat bei der Wiederherstellung der alten Gläubigerforderung sein Bewenden.

11.2. Die Vergleichswirkungen

Der Vergleich wirkt für und gegen alle Vergleichsgläubiger, ohne Rücksicht darauf, ob sie am Verfahren beteiligt waren oder wie sie abgestimmt haben. § 82 Abs. 1.

Nicht betroffen werden, wie wir bereits wissen

die in § 26 genannten Gläubiger,

Gläubiger aus einem gegenseitigen Vertrag, der von beiden Seiten noch nicht erfüllt ist (§ 36).

[263] So *B—St*, § 78 Anm. 6; *a. A.* u. U. *Bl—M*, § 78 Anm. 15.
[264] *Bl—M*, § 78 Anm. 14, 15; B—St, § 78 Anm. 6.

Wie ist der Einfluß des Vergleichs auf Sicherungsrechte?

Beispiel 27:

A schuldet B 10 000,— DM, für diese Forderung hat sich C verbürgt. Im Vergleichsverfahren über das Vermögen des A kommt ein Vergleich mit einer Quote von 60 % zustande.

Zunächst einmal ist selbstverständliche Folge, daß A dem B nur noch 6000,— DM schuldet. Da der durch den Vergleich erlassene Teil der Forderung als Naturalobligation fortbesteht, bleiben Sicherungsrechte, wie z. B. Pfandrechte und Bürgschaften, dingliche Sicherungen und Vormerkungen bestehen, und zwar in voller, ungeschmälerter Höhe. § 82 Abs. 2 S. 1. B kann also zu den 6000,— DM, die er von A erhält, von C die restlichen 4000,— DM verlangen (Ausnahme von § 767 BGB, weil die Bürgschaft gerade den Sinn hat, den Gläubiger vor den Auswirkungen eines Vermögensverfalles des Hauptschuldners zu schützen!).

Nach § 33 können der Gesamtschuldner und der Bürge wegen ihres Regreßanspruches gegen den Schuldner nur dann am Verfahren teilnehmen, wenn der Gläubiger nicht teilnimmt. Diese Vorschrift muß im Zusammenhang mit § 82 Abs. 2 S. 2 gesehen werden: Die Forderung des Gläubigers und die Rückgriffsansprüche erhalten zusammen nur *eine* Quote, die nach der Forderung des Gläubigers bemessen wird. Der Regreßberechtigte erhält also nur insoweit eine Quote, als der Gläubiger die ihm zustehende nicht voll ausschöpft. Wenn im Beispiel 27 B von C bereits 5000,— DM erhalten hat, so gebührt von den ihm nach dem Vergleich gegen A zustehenden 6000,— DM ein Teilbetrag von 1000,— DM dem C[265].

11.3. *Die Zwangsvollstreckung aus dem Vergleich*

Aus dem Vergleich findet nach Maßgabe seiner Zahlungsbedingungen die Zwangsvollstreckung gegen den Schuldner statt. Der Vergleich wirkt also wie ein vollstreckbares Urteil.

Die vollstreckbare Ausfertigung besteht aus einem Auszug aus dem berichtigten Gläubigerverzeichnis (§§ 6, 67 Abs. 3, 71

[265] Vgl. dazu ausf. *Kiesow*, KUT 37, 141.

Abs. 4) in Verbindung mit einer Ausfertigung des Vergleichsprotokolls und des Bestätigungsbeschlusses. Auf den Auszug aus dem Gläubigerverzeichnis ist die Vollstreckungsklausel zu setzen[266].

Voraussetzung für die Erteilung einer vollstreckbaren Ausfertigung ist, daß eine Forderung weder vom Schuldner noch vom Verwalter bestritten worden ist. § 85 Abs. 1. Haben der Schuldner oder der Verwalter (nicht ein anderer Gläubiger!) die Forderung jedoch bestritten, so muß der Gläubiger — sofern er nicht bereits einen Titel über seine Forderung früher erwirkt hat — gegen den Schuldner die Forderung gerichtlich geltend machen, um die Zwangsvollstreckung betreiben zu können.

Ein Gläubiger, der am Vergleichsverfahren nicht teilgenommen hat, somit also nicht im Gläubigerverzeichnis eingetragen ist, wird zwar vom Vergleich betroffen (§ 82 Abs. 1!), er muß jedoch, um vollstrecken zu können, zuvor gegen den Schuldner im Mahnverfahren oder Klageweg vorgehen, weil ihm mangels Eintragung im Verzeichnis keine vollstreckbare Ausfertigung erteilt werden kann.

12. Die Aufhebung des Vergleichsverfahrens

12.1. Die einzelnen Fälle der Verfahrensaufhebung

Die Bestätigung des Vergleichs hat nicht in jedem Falle die sofortige Aufhebung des Verfahrens zur Folge.

Das Verfahren ist vielmehr nur aufzuheben,

wenn im Vergleichstermin die Gläubiger mit der zur Annahme des Vergleichs erforderlichen Mehrheit die Aufhebung beantragen, § 90 Abs. 1 Nr. 1,

oder wenn die Summe der Vergleichsforderungen in ihrer ursprünglichen (ungeschmälerten) Höhe 20 000,— DM nicht übersteigt, § 90 Abs. 1 Nr. 2,

oder wenn der Schuldner sich im Vergleich der Über-

266 Zur Erteilung vollstreckbarer Ausfertigungen vgl. ausf. *Bauer*, KTS 60, 49.

wachung durch sog. Sachwalter der Gläubiger unterworfen hat. § 91.

Für die Dauer einer solchen vereinbarten Überwachung gelten folgende Regelungen:

Der Sachverwalter hat die in den §§ 39, 40 Abs. 1, 42 und 57 genannten Rechte und Pflichten des bisherigen Vergleichsverwalters. § 92 Abs. 1[267]. Die Erfüllung des Vergleiches kann in der Weise sichergestellt werden, daß sich der Schuldner im Vergleich zur Bestellung einer Sicherungshypothek an einem Grundstück verpflichtet. § 93[268].

Während der Dauer der Überwachung dauern angeordnete Verfügungsbeschränkungen fort; sind Verfügungsbeschränkungen bisher nicht angeordnet worden, so kann dies auch noch im gegenwärtigen Stadium des Verfahrens auf Antrag des Sachwalters geschehen. § 94. Die Überwachung endet mit der Erfüllung des Vergleichs bzw. dem Eintritt einer im Vergleich vereinbarten auflösenden Bedingung. § 95.

12.2. Das fortgesetzte Verfahren

Kann eine Aufhebung des Verfahrens nicht beschlossen werden, weil die Voraussetzungen des §§ 90, 91 nicht vorliegen, so wird das Verfahren fortgesetzt. § 96 Abs. 1.

Wesentlichste Besonderheit des fortgesetzten Verfahrens: Der in den §§ 46 und 47 vorgesehene Konkurs — und Vollstrekkungsschutz endet mit der Bestätigung des Vergleiches. § 96 Abs. 3. (Beachte noch § 96 Abs. 4—7 wegen der Beendigung des fortgesetzten Verfahrens bzw. seiner evtl. Überleitung in ein Anschlußkonkursverfahren!).

13. Das Wiederaufleben der Gläubigerforderungen bei Verzug des Schuldners

13.1. Grundsatz

Nach § 89 Abs. 2 kann nicht deshalb auf Aufhebung des Vergleichs geklagt werden, weil er vom Schuldner nicht erfüllt

[267] Vgl. *Kranz* NJW 52, 170.

[268] Vgl. dazu ausf. *Mohrbutter* Rpfleger 56, 274.

wird. Jedoch sieht § 9 Abs. 1 vor, daß die im Vergleich eingeräumte Stundung oder der Erlaß für den Gläubiger hinfällig werden, dem gegenüber der Schuldner mit der Vergleichserfüllung in Verzug gerät. Der Verzug tritt — abweichend von der Regel der §§ 284 ff. BGB — erst dann ein, wenn der Gläubiger den Schuldner unter Setzung einer mindestens einwöchigen Nachfrist schriftlich gemahnt hat.

Will der Gläubiger in diesem Falle wegen seiner nunmehr wieder unverkürzten Forderung gegen den Schuldner vollstrecken, so bedarf er dazu einer neuen, über den ursprünglichen Forderungsbetrag erteilten Vollstreckungsklausel. Abweichend von § 726 ZPO braucht der Gläubiger jedoch den Verzug nicht durch öffentliche Urkunden nachzuweisen, sondern es genügt, wenn Mahnung und Ablauf der Nachfrist glaubhaft gemacht werden (§ 294 ZPO). § 85 Abs. 3.

13.2. Die Behandlung bestrittener Forderungen

Bei Forderungen, die vom Schuldner oder Verwalter bestritten wurden, oder die nur in Höhe des Ausfalles am Verfahren teilnehmen, wäre es schwierig, wenn nicht unmöglich, vor der endgültigen Klärung der Forderungshöhe im Prozeßwege bzw. vor dem Abschluß der abgesonderten Befriedigung festzustellen, ob der Schuldner sich im Verzug befindet.

Es ist deshalb vorgesehen, daß der für den Schuldner zunächst zur Vermeidung des Verzuges zu erbringende Betrag auf zwei Wegen festgesetzt werden kann:

— durch eine darauf gerichtete Entscheidung gem. § 97 Abs. 1 und 2,

— oder durch eine Stimmrechtsentscheidung des Gerichts nach § 71 Abs. 2 und 3.

Liegt eine Stimmrechtsentscheidung oder eine Entscheidung nach § 97 vor, so kann der Schuldner den Eintritt der Verzugsfolgen vermeiden, indem er den sich aus der gerichtlichen Entscheidung ergebenden Betrag einstweilen bezahlt (wegen der späteren Abwicklung dieser Zahlungen bei endgültiger Feststellung der Forderung vgl. § 97 Abs. 3 und 4!).

Die vom Rechtspfleger zu treffende Entscheidung nach § 97 ist mit der sofortigen Erinnerung anfechtbar.

Auch eine im Vergleichstermin getroffene Stimmrechtsentscheidung ermöglicht dem Schuldner die Hintanhaltung der Verzugsfolgen, wenn er den in der Stimmrechtsbewilligung genannten Betrag an den Gläubiger bezahlt. Da jedoch die Stimmrechtsentscheidung des Rechtspflegers ebenso wie die des Richters nicht anfechtbar ist[269], würde dem Gläubiger die Geltendmachung seiner vermeintlichen Rechte aus § 9 durch eine unanfechtbare Rechtspflegerentscheidung unmöglich gemacht. Das hielt man in den parlamentarischen Beratungen über das RpflG 1970 unter dem Gesichtspunkt des Art. 19 Abs. 4 GG für unvertretbar. Deshalb bestimmt § 19 Abs. 4 RpflG, daß eine Entscheidung des Rechtspflegers über das Stimmrecht nicht die in § 97 genannten Rechtsfolgen hat. Die Folge davon ist, daß in den vom Rechtspfleger geführten Vergleichsverfahren der Schuldner die Verzugsfolgen des § 9 nur dadurch vermeiden kann, daß er bei bestrittenen oder absonderungsberechtigten Forderungen immer eine Entscheidung nach § 97 beantragt[270].

14. Der Anschlußkonkurs

14.1. Die Fälle des Anschlußkonkurses

Der Anschlußkonkurs ist das einzige Konkursverfahren, das von Amts wegen eröffnet wird. Seine Eröffnung kommt in Frage:

— wenn die Eröffnung des Vergleichsverfahrens abgelehnt wird (§ 19),
zuständig: Richter, § 18 Abs. 1 RpflG

— wenn die Vergleichsbestätigung versagt wird (§ 80),
zuständig: Rechtspfleger, § 19 Abs. 2 RpflG

[269] Vgl. oben Abschn. 2.3.
[270] *Mohrbutter* KTS 70, 191.

— wenn das Vergleichsverfahren eingestellt wird (§ 101),
zuständig: Rechtspfleger, § 19 Abs. 2 RpflG[271]
— wenn das fortgesetzte Verfahren nicht zur Erfüllung des Vergleichs geführt hat (§ 96 Abs. 5),
zuständig: Rechtspfleger, § 19 Abs. 2 RpflG.

14.2. Besonderheiten des Verfahrens

Für den Anschlußkonkurs gelten folgende Sonderregelungen:

— alle zugunsten der Vergleichsgläubiger angeordneten Verfügungsbeschränkungen bleiben bestehen; sie gelten als zugunsten der Konkursgläubiger angeordnet. § 103,
— die innerhalb der Sperrfrist des § 28 erlangten Sicherungen gewähren auch im Anschlußkonkurs kein Absonderungsrecht, sondern werden unwirksam; eine bereits erlangte Befriedigung ist nach Bereicherungsgrundsätzen herauszugeben. § 104,
— die Kosten des Vergleichsverfahrens sind im Anschlußkonkurs Massekosten, § 105,
— Ansprüche aus Darlehen, die der Schuldner während des Vergleichsverfahrens mit Zustimmung des Verwalters im Interesse des Vergleichszweckes aufgenommen hat, sind im Anschlußkonkurs Masseschulden, § 106,
— verschiedene Fristen der KO werden vom Tage der Eröffnung des Vergleichsverfahrens an berechnet. § 107.

[271] Bei einer Einstellung nach § 101 Abs. 1 Nr. 1 halten *Arnold/ Meyer—Stolte,* Anm. 19.4 einen Fall des § 5 Abs. 1 Nr. 1 RpflG für gegeben, weil hier von einer früheren Richterentscheidung abgewichen werde. Dem kann deshalb nicht zugestimmt werden, weil die Erfordernisse der Konkurseröffnung erneut für den Anschlußkonkurs auf ihr Vorliegen zu prüfen sind, vgl. *B—St,* § 102 Anm. 2.

Sachverzeichnis

FSC
www.fsc.org
MIX
Papier | Fördert
gute Waldnutzung
FSC® C083411

Kolibri 360 GmbH
Ferdinand-Jühlke-Straße 7
99095 Erfurt, Deutschland
produktsicherheit@kolibri360.de